心ときめく オキテ破りの 日本語教授法

五味政信・石黒圭 編著

くろしお出版

目　次

はじめに　3

[第1部　教師論]

第1章　日本語教師は接客業である ……………………………… 12
　　　　　学習者を知り、理解することがすべての第一歩　　迫田久美子

第2章　チームワークで乗り越えろ ……………………………… 28
　　　　　海外で教育効果を発揮するチームワーク　　戸田淑子

[第2部　表現論]

第3章　教師は仕掛け人である …………………………………… 50
　　　　　工夫次第で学習者のモチベーションがぐんと上がる　　志村ゆかり

第4章　制約のなかで戦え ………………………………………… 70
　　　　　与えられた条件で最大の効果を上げる教師のワザ　　筒井千絵

[第3部　感情論]

第5章　笑う門には福来る ………………………………………… 92
　　　　　笑いは学習を促進する　　尾崎由美子

第6章　感情をシラバスにする ………………………………… 108
　　　　　学習者が自分の気持ちを伝える活動　　古川敦子

[第4部　活動論]

第7章　「地雷」をあえて踏む …………………………………… 128
　　　　　「地雷」が思考の壁を打ち破る　　有田佳代子

第8章　演じないロールプレイ ………………………………… 152
　　　　　もっと自由に楽しく活用してみよう　　渋谷実希

第9章　教師は何もしなくていい ……………………………… 170
　　　　　学習者が主体的に学べる環境作り　　石黒圭

終章　「楽しい日本語授業」の条件とは何か？ ……………… 185
　　　　　五味政信

座談会：　ときめく授業を作るには　201
　　　　　（五味、石黒、有田、尾崎、志村、戸田、古川、筒井）
あとがき　213

はじめに

コンピュータに負けないために

　日本語教師である私が現在もっとも恐れていること。それは、コンピュータが徐々に日本語教師に取って代わり、数十年後には完全にコンピュータが学習者に日本語を教えることになっているのではないかという恐怖です。

　しかしながら、コンピュータが語学教師に完全に取って代わることは不可能でしょう。人間のもっとも興味のある対象は人間であり、人間どうしで学ぶのがもっとも学び甲斐があるからです。コンピュータによる教育で、学習者に自尊感情が生まれ、モチベーションが高まり、仲間との協力意識が育まれ、創発的な効果が期待できるでしょうか。とうてい無理です。人間が主体の教育のなかで、はじめて学習者は成長するのです。

　したがって、私の恐怖の正体は、正確に言うと、コンピュータのほうが安価で優秀な教師だと思いこみがちな社会の意識です。とくに、政財界のお偉方や大学・日本語学校のトップが効率を叫びはじめるときには注意が必要です。そんなときに私たちに必要なのが、そうした意識が誤りであることが証明できるだけの理論武装と教育研究の蓄積です。

　そうした教育研究の実践の場は、言うまでもなく教室です。多様な学習者が集い、出会う場である教室こそが語学教育の最大の武器であり、人間が教える意味を見いだせる最後の砦です。私たち日本語教師は、人間が教える教育の意義を社会に広く訴え、この砦を死守しなければならないのです。

心ときめく授業を創造する

　『心ときめくオキテ破りの日本語教授法』というタイトルを見て驚いた方もいるでしょう。「心ときめく」「オキテ破り」はいずれも学術的ではないように思えます。ちょっとはじけすぎかもしれません。しかし、「心ときめく」「オキテ破り」は、人間が教室で生き生きと教えていくための有力な概念だと私たちは考えます。

　学習者も教室で「心ときめく」授業を受けたいでしょうし、日本語教師も「心ときめく」授業を学習者に提供したいと思っているはずです。学習者がコンピュータ相手に学習をしていて「心ときめく」でしょうか。「心のときめき」は、異文化を越えた仲間や教師との出会い、心の交流によって初めて生まれる感情です。

　人間（＝教師）が教え、人間（＝学習者）がともに学ぶ教室の魅力、その魅力を最大

限に引きだす日本語教育を構築しないと、人間が集う教室で行われる教育は、経営という名の資本主義的効率主義に押しつぶされてしまうでしょう。そうならないために、私たち日本語教師は「心ときめく」多様な授業実践を試みないといけない状況になってきているのです。本書刊行の意義は、まさにここにあります。

オキテを創造的に破壊する

　また、「オキテ破り」というのも、行きすぎたタイトルのように思われるかもしれません。大学の教師は「オキテ破り」に見える大胆な提案をしばしば行います。日本語学校の教師は、その大胆さに憧れつつも、「でもやっぱり、現場を知らない大学教員の机上の空論だよね」と心のなかでつぶやくことも少なくないでしょう。日本語学校の教育は達成すべき目標が明確なぶん、さまざまな制約にからめとられやすいからです。しかし、そうした種々の制約に唯々諾々に従っていると、10年先、20年先には、人間による日本語教育という活動の崩壊を招くことになりかねません。

　賢い教師は、種々のオキテに従うふりをしながらも、そのオキテを超える試みをしているものです。そして、その教授法が効果的であると認められれば、次第に周囲の理解も得られ、全体の流れが変わっていくことが期待できるでしょう。

　一方、大学の教師にも「オキテ破り」をめぐる葛藤があります。大学の場合、かなり自由度の高い授業を任されることがあります。その場合、その自由度のゆえに何をやってよいか、かえってわからなくなりがちです。その結果、目的も方法も徹底しきれない、中途半端な授業をしてしまいます。その場合、破らなければいけないのは、自分自身のなかにあるオキテです。自分のなかに自分で築いてしまった檻を、自分で創造的に壊すことが必要です。それによって、クラスの勢いが取り戻され、心ときめく教室になるのです。

学習者主体の難しさ

　本書は、ベテラン教師一人ひとりが、日本語教育にたいする自身の信念に基づく「心ときめく」「オキテ破り」の教育方法を開示するものです。オキテに慣らされた日本語教師にとっては、「えっ、こんなこと、ほんとうにやっていいの?」という驚きの連続かもしれません。

　しかし、教育方法自体は一見奇をてらっているようでいて、じつは合理的です。異なる執筆者が一見矛盾するようなことを書いていながら、その根底ではつながっています。経験豊富なベテラン教師であれば、こういう教室にしたいという理想の

教室像は共通しているのです。

では、理想の教室像とは、どういう教室なのでしょうか。

　①学習者の目線に立ち、寄り添う
　②学習者の資質を心から信じる
　③学習者の能力を十全に引きだす

そんなクラスにしたいと思って、教室という社会を作っていると考えられます。

「なんだ、学習者主体ということか。よく言われていることではないか」、たしかにそのとおりです。しかし、学習者主体の教室作りの難しいのは、こうすればよいという決定打がないところです。学習者も教師も、それぞれ異なる人格を持つ存在なので、学習者主体の理想の教室を実現するには、多様なやり方の試行錯誤しかないのです。そのためには、教育方法の引き出しを増やし、その多様なやり方を教師間で共有することが大事だと私たちは考えています。

【本章の概要】
■第1部「教師論」

本書の第1部は「教師論」で、**第1章「日本語教師は接客業である」**から始まります。筆者の迫田久美子氏（国立国語研究所）は教師の心構えを「接客業」という言葉に託します。「接客業」の要は顧客との信頼関係です。私たち教師も学習者との信頼関係の醸成を何よりも大事にしなければなりません。

私たちはふつう自分のことを教育者だと考えており、学習者に日本語を教え、教室を管理する責任があると考えています。それは一面では間違いではないのですが、そこからは学習者に寄り添い、学習者の立場に立って考えるという視点がすっぽりと抜け落ちてしまうのです。「落ちこぼれ学生はよい教師になれる」「みんなちがって、みんないい」という言葉は、教師を志す者にとって何よりのエールとなるでしょう。

第2章「チームワークで乗り越えろ」は、海外での教育経験が豊富な筆者、戸田淑子氏（国際交流基金）による、海外で教える教師に向けた心構えです。海外に出て現地語もままならない環境に放りだされたとたん、私たちはひとりぼっちになります。しかし、ひとりぼっちでは力が発揮できません。そこで、筆者はチームワークの重要性を説くわけです。

筆者の説くチームワークの範囲は幅広く、その相手は現地の同僚に留まりません。現地の学習者、現地の教室文化、現地の環境や日本語教育、さらには自分自身にま

で及びます。海外での独りよがりな孤軍奮闘は、周囲のためにも自分のためにもなりません。現地のリソースすべてとのコラボが、海外での成功の鍵となるのです。

■第2部「表現論」
　本書の第2部は「表現論」です。ここでは、文型をはじめとした言葉の形を教えるという従来型の教育のヒントを示します。

　第3章「教師は仕掛け人である」は、学習者のモチベーションを上げる教育法を考えます。そこでのキーワードは「仕掛け」です。学習者が進んで参加したくなる活動を展開するためには「仕掛け」が不可欠だと筆者の志村ゆかり氏（東京経済大学）は主張します。たとえば、ゲーム。ゲーム性を持たせ、競争意識を刺激することで学習者を動機づけます。また、場面。現実さながらの場面設定をすることで、学習者の参加意欲を高めます。さらには、協働。協力しあう関係を作ることで、学習者を自然に巻きこみながら、活動を盛りあげます。
　筆者は、年少者教育のスペシャリストで、中学生・高校生といつも本気で向かいあってきた豊富な経験があります。反抗期の子どもたちは面白くないことには見向きもしません。そうしたなかで、筆者のこうしたわざが磨かれてきたように思います。

　第4章「制約のなかで戦え」は、たいして重要とも思えない文法項目を導入しなければならなくなったときに、それをどのように意味のある活動に変えるかという換骨奪胎の方法を伝授する章です。
　筆者の筒井千絵氏（フェリス女学院大学）は、国内外の様々な日本語教育機関を渡り歩いてきた苦労人です。学校の方針や教科書に合わせることを求められたとき、「そんな文型、意味もないから教えられない」と放棄することはできません。しかし、意味がないと知りつつ、そのまま学習者に教えるのは教育者としての自滅を意味します。では、どうすればよいのか。学習者の運用につながる意味のある活動に変えるしかありません。本章にはそのための発想がぎっしり詰まっています。

■第3部「感情論」
　第3部「感情論」はいささか奇妙なタイトルです。わかりやすくいうと、学習者の気持ちを大切にする教授法の提案です。今までの日本語教育は「情報を論理的に伝える」ことが重視されていました。しかし、言葉は人間が扱うものである以上、

「気持ちを伝え、共感する」というもう一つの大切な面があります。そして、後者の面に光を当てる教授法が、この第3部では紹介されています。

　第5章「笑う門には福来る」は、その名のとおり、教室に笑いをもたらす方法が紹介されています。筆者の尾崎由美子氏（鹿児島大学）は、修士論文で教室談話の笑いについて扱って以来、教室のなかでいかにポジティブな笑いを生みだすかに腐心してこられました。筆者の授業が面白いかどうか、それは第5章をお読みくだされ ばすぐにわかります。やばいです。編者が言うのもなんですが、読み物としてお腹を抱えて笑う日本語教授法の章に初めて出会いました。

　もちろん、筆者は笑いの危険性にも言及しています。「笑い」はクラスの連帯感を強めますが、「嗤い」はクラスの絆を断ち切ります。「嗤い」がはびこる昨今の時代を笑い飛ばす健全な「笑い」の力に期待したくなる授業です。

　第6章「感情をシラバスにする」は、「感情論」にさらに踏みこんでいます。情報伝達を重視してきた日本語教育の立場からすれば、まさにオキテ破りでしょう。筆者の古川敦子氏（群馬大学）は、海外で学んだり教えたりした経験が豊富な方で、だからこそ、異文化のなかで自分の気持ちをうまく伝えられないもどかしさを強く持っていたのでしょう。つまり、学習者の経験が長かったからこそ、学習者の気持ちがよくわかり、そのことを生かした教授法を確立したい気持ちが人一倍強かったと考えられます。

　喜怒哀楽をシラバスにする「感情シラバス」という大胆な考え方は、今後注目を集めてよい考え方ではないでしょうか。教師が変われば、きっと異なるアプローチの感情シラバスの構築も可能になるはずです。もし本書の読者がそんなシラバスを作ってくれたらなどと考えると、期待に胸が高鳴ります。

■第4部「活動論」

　第4部「活動論」は教室活動を取りあげます。

　第7章「「地雷」をあえて踏む」は、オキテ破り中のオキテ破りです。教室内でこれまでタブー視されてきた問題をあえて教室で取りあげることを提案しています。筆者の有田佳代子氏（敬和学園大学）は、日本語教師の心のなかの葛藤をテーマに博士論文を書かれた方で、このような難しい問題を取りあげるときも、きっと心のなかに葛藤を抱えつつ、授業の準備をされているのだろうと想像します。

日本国内で日本語教育に携わっている私のような教師も、今、ネットで散見させるネトウヨの書きこみを目にしたり、また、外国人が多く居住する地区で行われているヘイト・スピーチを耳にしたりしたら、留学生たちはいったいどう感じるのだろうと、いたたまれない気持ちになります。そうした現実は覆い隠して、教室という桃源郷で教育を完結させたいという衝動に駆られます。しかし、個々の留学生はすでにそうした事実を知っており、それについて大人としての一定の考え方を持っているわけです。教室のなかもじつは桃源郷ではありません。だからこそ、異なる立場を理解し、対話する力を教室のなかで養成する。そんな日本語教育が現在必要になっているのだと感じます。

　第8章「演じないロールプレイ」は、ロールプレイの達人である渋谷実希氏（一橋大学）の提案です。明るく楽しい日本語教師になれない私は、ロールプレイはどうも苦手です。教師の立場でも苦手ですし、学習者の立場でも苦手です。私と同様の感性を持つ日本語教師・日本語学習者もきっと少なくないはずです。
　そんな人たちのために、筆者は「演じないロールプレイ」の提案をします。ロールプレイの最大の問題は演じることにあるという発想は、目から鱗です。ロールプレイをそのまま訳すと「役割を演じる」になるわけですから。しかし、筆者はロールプレイの本質を、自分自身から解放され、自由になることだと言うのです。宇宙人を演じるほうがリアルになれる。従来のものとはひと味違うロールプレイの、この不思議な感覚を体感したい方は、ぜひ本章からお読みください。

　第9章「教師は何もしなくていい」は、協働学習で苦労する私（石黒圭：国立国語研究所）の試行錯誤の歩みです。ここ数年、ピア・ラーニングの授業をやってみてわかったことは、案外うまくいかないものだということです。論文では、ピア・ラーニングのよい面や効果しか論じられていないことが多いので、実感としてわからなかったのですが、うまく授業を運営するのはけっこう大変です。学習者任せになりますので、学習者が何をすべきか、その活動はなんのためなのかという自覚を持っていないとうまくいきません。また、ピア・ラーニングでは、やる気のある学生任せにして自分は何もしない、いわゆる「フリーライダー」を生みだしてしまうという弊害もあります。こうした問題をどのように最小化するのかというのが現在の私の課題です。そうした課題を克服するためのささやかな試みを紹介しました。

はじめに

■終章と座談会

　本書は、五味政信氏（一橋大学）の終章「「楽しい日本語授業」の条件とは何か？」によって閉じられます。この終章はこれまでの９章をまとめる内容になっています。というよりもむしろ、本章から派生して９章に分かれたと考えたほうがよいかもしれません。と申しますのは、第１章の特別参加の迫田氏以外は、執筆者は全員、五味氏の薫陶を受けて日本語教育に携わっている者だからです。

　したがって、最終章は本書全体のエッセンスを抽出した内容となっています。最後にお読みいただいても味わいがありますし、あえて最初に読んでいただくのも、本書のコンセプトが明確になり、よいかもしれません。肩の力の抜けたベテラン教師ならではの名人芸をご堪能ください。

　なお、本書にはおまけとして「座談会：ときめく授業を作るには」が付いており、座談会は終章とセットになるようにまとめられています。実際の座談会ではもっと過激な発言も飛び交いましたが、多方面に迷惑をかけるわけにもいかず、そうした部分は編集して掲載しています。それでも、現場の日本語教師の本音があっちこっちに透けて見えるはずです。そうした本音も楽しんで、日々の教育活動に生かしていただけたらさいわいです。

　本書をとおして、オキテ破りという名の日本語教育の基本を手に入れ、教師も学習者も心ときめく授業となるように自分の教授法のレパートリーを広げる機会としていただければ、執筆者一同、それに優る喜びはありません。ぜひ本書を通読し、そこに盛られている失敗も反面教師にしつつ、ご自身の教授法を確立する一助となさってください。

　　　　　　　　　　　　2016年３月　迫田久美子氏と五味政信氏のご定年をまえに
　　　　　　　　　　　　　　　　　　執筆者を代表して　石黒　圭

第1部

教師論

第1部

第1章 日本語教師は接客業である
学習者を知り、理解することがすべての第一歩

迫田久美子

質問
私は、海外に行って現地の方から日本語についての質問を受けたり、外国人の方をサポートしたりした経験から、次第に日本語教師になってみたいと考えるようになりました。私自身、日本語以外の外国語を学ぶことは大好きです。ただ、けっして外向的な性格ではありませんし、人前で話すのも得意ではありません。よく、日本語教師は明るくて活発な性格の方が向いていると言われますが、私のような内向的な性格の者に、果たして日本語教師が務まるでしょうか。

回答
務まります。日本語教師は、いろいろなタイプの人がいてよいのです。学習者もいろいろなタイプの人がいるのですから、学習者にとってもいろいろなタイプの先生と出会えたほうが多くのメリットがあるはずです。

ただ、いろいろなタイプの教師がいてよいといっても、そこには優れた教師が共通して備えている条件があるということは忘れないでください。それは「優れた教師には、接客業のセンスがある」ということです。言い換えれば、彼らは「学習者を大切にする気持ちを持ち、学習者の立場になって考え、どうすれば喜んでもらえるかを常に考えている」ということです。

1. 日本語教師は接客業

1.1 「お客様は神様です」

1960年代から80年代にかけて活躍した三波春夫という演歌歌手が「お客様は神様です」という名文句を残しています。彼はステージに立つ時は、神前で祈るときと同様に雑念を払って、目の前のお客様を神様とみて、完璧な芸を見せ、歓んでもらうことを信条としていました。この言葉は、接客をする側がお客様を大切にすることを説いています。人にかかわる仕事（接客業）であれば、顧客を大切にするという考え方は共通しており、かつ重要です。学習者を大切にするという点において、

第1章　日本語教師は接客業である

日本語教師も接客業と言えます。

　教師は、授業で無駄のないメリハリのある授業を実施し、学習者に楽しんで授業に参加してもらい、かつ満足してもらう必要があります。教師と学生、店員と客、親と子の関係も、目の前の相手が求めているもの、考え方や性格などを分析し、歓んでもらえる対策を考えるという点では同じです。じっくり、相手の様子や反応を見て、今、何が足りないのか、どうすれば相手にとって満足な状態を作れるのかを必死で考えるのは、教師、店員そして親も同じではないでしょうか。

　日本語教師を目指す人たちの中には、しばしば、日本語の文法や教授法の知識を頭いっぱいに詰め込み、日本語教育能力検定試験にも合格して、「さぁ、現場に出て教えよう」と燃えている人たちがいます。学習者たちのニーズやレベルを考えず、ひたすら教案通りに、あるいは自分が学んだ知識をここぞとばかりに披露する教育実習生の授業を見ていると、顧客のニーズを理解しないでひたすら製品の説明をしているセールスマンに似ているように感じます。教育実習生と教師の視点の違いについて、それぞれの授業を分析した興味深い研究があります。堀口（1992）によると、教師は学習者への対応を重視しているのに対し、実習生は時間の使い方に重点を置き、教案通りに指導項目を消化していくことに集中している、という傾向が報告されています。私が見てきた実習でもこのような傾向がありました。実習生は、与えられた時間の中でいかに滞りなく教授項目をこなすかが優先であり、学習者の様子にはなかなか注意が向きません。授業の練習もコーラスリーディングで進めていると、理解が不十分な学習者の存在は見落とされてしまいます。

　学習者の存在と言えば、貴重な体験をしたことがあります。ある時、授業で留学生に日本語の歌を紹介し、みんなで練習していた時、一人だけ口が開いていない留学生がいました。「難しいですか？」と聞くと、彼は「先生、僕は人前では歌を歌わない主義なので。すみません」と答えました。その時まで、歌は楽しいもの、全員歌えるものと私自身、決めつけていたことを反省し、一人ひとりの考え方や価値観を尊重することの大切さを学びました。

　学習者を知ることが重要であるといっても、学習者たちと授業中に雑談をしたり、授業外で一緒に行動したりしたほうがいいという意味ではありません。授業の中で、学習者の言動や様子を観察することで学習者を理解することはできます。

　日本では6月の梅雨の時期になると、急激に気温と湿度が上昇し、高温多湿な気候に慣れていない留学生は、体調を崩し、授業に集中しにくくなります。私の経験では、教室を出て、屋外のキャンパスや公園の木陰で授業をしたり、フィールドワークをしたりしたこともあります。

無名だった日本のラグビーチームを急成長させ、ワールドカップで優勝候補の南アフリカを破り「ラグビー史上最大の番狂わせ」をもたらしたエディ・ジョーンズ監督は、体格的に劣勢の日本人チームを徹底的に観察して「日本人選手の強みを知り、それを伸ばすこと」でチームを強くしてきたそうです。日本語教育の現場でも、学習者の強み、得意な部分、興味や関心など、日本語教育での接客には一人ひとりの学習者の背景を知ることが求められます。

1.2　教授法に通じる「おもてなし」の極意

　日本語教育と接客業について、さらに話を進めます。いかに顧客（学習者）を喜ばせるかが接客業の基本です。学習者に「もっと知りたい、もっと話したい」と思わせるかが重要なポイントになります。

　接客業の極意を知る私の体験談です。数年前、出雲の温泉にでかけ、ある温泉旅館に宿泊した時のことです。その時に受けた「到着してすぐのお茶のサービス」、「好みの浴衣選び」、「写真サービス」などは、他の旅館などでも実践されていることです。しかし、この旅館ではさらに、随所に細かな気遣いが施されていました。例えば、館内の随所に飾られた「生け花」や消臭のための「炭」、食事では配膳直前まで料理は湿った和紙で覆われていました。さらに、部屋に置かれた文箱を見ると、中には旅館手作りの絵葉書。驚いたのは、それに既に切手が貼ってあり、文章と宛名を書けばいつでも出せるようになっていることでした。ここまで顧客の立場になって考えられるのは、まさに日本の「おもてなし」の極意だと感心させられました。

　授業でも楽しい授業やワクワクする授業には、「おもてなし」の心が必要だと考えています。授業では、その日の教授項目を導入し、理解を促し、どのように練習を行うかが勝負です。口慣らしのための単なるくりかえし練習でなく、いかにその言語活動に意味を持たせ、現実に近づける場面を作り出し、楽しく練習させるかが教師の腕にかかっていると言えます。

　実践例を1つ紹介します。第1回の授業で行う名刺交換タスクです。これは、クラスの受講者が顔見知りでないことが条件となるため、第1回の授業で行います。まず、全員に名刺大のカードを5枚渡し、自分の名前を書かせます。レベルによって、日本語を習うのが初めてなら母語で、それ以外は漢字、平仮名、カタカナ、どの表記を使って書いてもいいことにします。用意ができたら、最初の導入の「こんにちは。(名前)です。(大学の学科の)学生です。……どうぞ、よろしく」という自己紹介を教えます。学生のレベルや既知単語などによって、中身の文章は教師が考えます。必

ず一人ひとりが異なった内容であることが重要です。一通り口慣らし練習ができたら、5枚の名刺カードを持って立ち上がり、初対面のクラスのメンバーと名刺交換を開始します。学習者は、相手が違うので自然な場面で、同じ文章を5回繰り返すことができます。聞き取りにくい場合を想定し、「あ、すみません、もう一度お願いします」を教えておくと、何度でも繰り返してもらうことができます。

　本書に掲載されている第3章(志村)、第4章(筒井)、第8章(渋谷)などは、日本語教師がいかに学習者に対して気配りをするか、「おもてなし」を考えるかの具体例が掲載されています。志村氏の「教師は仕掛け人」というのは、接客業の店員にも通じる重要な捉え方だと思います。

　最近の靴屋では、左右の足の細かいサイズを測定しています。人間の足は、実は右と左によって、また時間によってもサイズや形が違うそうです。間違ったサイズを選ぶと、身体が歪み、健康にも影響が出ると言われます。たかが一足の靴といえども、一人ひとりの立場を考えた靴を選ぶ時代になっています。教育も一人ひとりを大事にする指導が求められているのです。次の節では、この点について詳しく解説します。

1.3　チャングムと大村はま

　私は、これまでさまざまな大学で集中講義を担当しました。集中講義では、3〜5日間で15コマ(1コマ90〜100分)の授業をこなします。受講する学生たちは、一般的には朝から夕方まで3〜5コマの授業を連続して受けなければなりません。そのような授業ではビデオ視聴を取り入れます。受講生のレベルや目的によって用意するビデオは何通りもありますが、中でも、NHKで放送された韓国のドラマ『宮廷女官チャングムの誓い』の一部を必ず見せます。このドラマは、両親を失った女の子(チャングム)が宮廷に入り、恩師であるハン尚宮(サングン)に導かれて宮廷の料理人、そして朝鮮王の主治医として成長していく過程を描いています。学生たちに視聴させるのは、ハン尚宮がライバルのチェ尚宮と料理対決する場面です。皇太后の前で、美味しいご飯を炊いた方が最高尚宮となる勝負です。誰が炊いたかは知らせず、炊きあがったご飯を真鍮と白磁の器に入れ、仲間の尚宮たちに食べさせ、美味しいと思う方を紙に書かせて多数決で判定するのです。その結果、尚宮たちの一人ひとりの好みに合ったご飯を出したハン尚宮が勝利しました。「1つの釜で、なぜ多様な好みに合わせて炊けるのか」という皇太后の問いに、ハン尚宮は答えました。「釜の片側に器を入れてご飯を炊くと器の部分は硬めに、中央は普通に、反対側はやわらかめに炊き上がります」。さらに、皇太后は「では、尚宮たちのご飯の

好みをどのようにして知ったのか」との問いに、「ずっと一緒に過ごしてきた仲間ですから、自然に一人ひとりの好みを覚えました」と答えました。この答えに感心した皇太后は、このような気遣いができるハン尚宮こそ最高尚宮に相応しいと判断しました。

「教え方は学習者の数ほど存在する」というセリフは、よく聞かれますが、「一人ひとりを大切にした教え方」を考えると、当然のことかもしれません。一人ひとりを大切にした教え方を国語教育で実践した教師に、大村はまという人がいます。

大村はま氏は50年以上、中学校の国語教師として個々の生徒を大切にする授業を展開しました。『私の履歴書』(日本経済新聞に連載された著名人の記事の単行本)を使った学習指導は有名です。中学3年生の授業で、「履歴書」「半生記」「自叙伝」の言葉を説明し、生徒たちにこれまでの自分について語る文章の履歴書を書かせます。数日後の授業で、今度は生徒たち一人ひとりに合った人物の『私の履歴書』の本が大村先生から手渡されます。絵が好きで得意な生徒には東山魁夷の本が、海外生活が長い生徒には沢田美喜の本が与えられます。つまり、生徒一人ひとりの性格や好みを考えて本が選択されるのです。そして、最後には、自分の担当した人物について端的に表す表現を考えさせ、その根拠とともにクラスの友達の前で発表させるのです。生徒たちはそれぞれ自分だけに与えられた著名人の『私の履歴書』の内容を何度も読み返し、唯一の教材と取り組むのです。当時の教え子の一人がそのワクワク感と高揚感を報告しています(大村他2003)。

◇ときめき☆POINT◇

➡学習者を知ること、理解することは、日本語教師の第一歩

　学習者にとって楽しく、ワクワクするような心ときめく授業を目指すなら、日本語教師も接客業と捉えましょう。学習者を観ること、知ること、理解すること、彼らの立場になって考えることは、その第一歩です。一人ひとりを大切にする気持ちが教材選び、タスクの作成や工夫につながります。

私の失敗談

　今から20年以上前、米国の大学生約20人が1ヵ月の日本語夏期研修のために来日し、受け入れた大学で日本語の授業を担当したことがありました。この授業は、米国の所属大学で単位として認められるということもあり、担当講師は責任重大でした。滞在期間に確実に日本語能力を伸ばすことを重視し、文法導入、練習問

題、応用練習、そして多量な宿題を与える毎日が続きました。1週間を経た頃、学生たちの笑顔は日を追って消えていき、クラスの雰囲気は重くなっていきました。なぜ、学生たちは積極的に授業に参加しないのだろうか…と悩んでいました。そこで、気づいたのは、彼らは単位を取るためだけに日本に来ているのではないこと、彼らはむしろ、来日することで学べることを楽しみたいのだ…私と学生たちの目的は違うのだ、ということでした。途中から、私は授業方針を変え、前半2週間、日本語だけで行っていた授業に時々、英語を交え、ホームステイで活用できる歌や習慣の紹介などを取り入れた授業を開始しました。すると、凍りついていたようなクラスが雪が溶けていくように変わり、授業が終わっても質問に来る学生が増え始めました。次第に、授業で学生たちのジョークも出始め、質問に来る学生たちの長蛇の列で昼ごはんが食べられないこともありました。この時の失敗を今も忘れません。授業は教師の思い込みで計画を立てるのではなく、学習者のニーズや気持ちに添ったものでなければならないことを学びました。

2. 落ちこぼれ学生は良い教師になれる
2.1 学習者の気持ちと立場

　学生時代に成績が悪く、教師にとって問題児だった人は、将来、良い教師になる要素を持っていると思います。それは、勉強しない学習者、問題のある学習者の気持ちが理解できるからです。優等生だった子どもが優秀な学校に入り、ずっと秀才のまま教師になると、いつも叱られる落第生や問題児の気持ちはわかりません。

　私自身も中高校生時代は授業でよく居眠りをしたり、大学ではよく遅刻したりして問題児でした。そのため、日本語の授業で居眠りをする留学生がいても「ああ、夜遅くまで起きているんだな」とか、「夜勤のアルバイトをしているのかな」と考え、いかに彼らを眠らせない授業にするか、工夫しました。よく寝る学生の興味や関心をテーマにしたり、席を移動する活動を取り入れたり、時には教師代行で、学習者の一人を教壇に立たせてドリルの指示を任せたりしました。

　日本語教育を志す大学生やボランティアの教師養成講座でよく行うのは、未知言語の体験授業です。これから外国人に日本語を教えたいと思っている日本語母語話者に対し、彼らが知らない外国語を30～40分で学ぶ体験をしてもらうのです。まったく日本語を使わず、直説法で未知の外国語を導入し、理解できたところで練習に移り、文字の導入も行います。日本語の説明がないので、学生たちは教師の提示した場面と耳から聞こえる外国語のフレーズに集中し、そのフレーズ（言語形式）とそれが意味する内容（意味機能）をマッチングさせます。内容が理解できなくて

も、発話できなくても、どんどん授業は進められていきます。次第に、分かった人たちの発話が増えていきますが、中には発音が間違っていたりすると、教師から訂正のフィードバックが入り、自分の理解力の乏しさに落胆します。理解が曖昧なまま発話もできず、不安な時間を過ごしている人は、教師が傍にきて指名されそうになると目を伏せてしまいます。そのうち、他の仲間の発話から意味が分かり始めると仲間に交じって声が出て、明確に分かると今度は顔をしっかりあげて、「大丈夫。あててください」をアピールできるようになってきます。全員の顔があがり、理解もできたところで授業を終えます。30～40分の未知の外国語の模擬授業ですが、外国語を学ぶ人の気持ちを理解してもらうには、非常に効果的なタスクです。日本語母語話者は自分が日本語学習を体験していないため、日本語の文法、発音、さらに表記の複雑さが実感できません。この模擬授業は、自分だけが分からず取り残されていく焦燥感や指名されると困るという不安や恐怖が体験でき、学習者の立場を理解するためには有効な活動だと思っています。「学習者の立場になることは重要だ」と、言葉で説明するよりもはるかに効果が高いと言えます。

2.2　人は成功よりも失敗から学ぶ

　エジソンの名言集に「私は失敗したことがない。ただ1万通りのうまく行かない方法を見つけただけだ」という言葉があり、失敗の尊さを表しています。日本語の授業の最初の時間に、私は学習者に次のように話します。「間違うことは悪いことではありません。間違いは、学習者が頭の中で自分なりの日本語のルールを作って確かめている証拠なのです。間違わずに上手になる学習者はいません。だから、恥ずかしいと思わずに、たくさん間違って早く上手になってください」と。

　教師自身、学習者の誤用や質問から学ぶことは多く、むしろそれらが教師を育てる機能を持っています。学習者の誤用や質問に即答できなくても決して失敗ではないのです。教え始めた頃、「『赤い』と『明るい』は、最初の「aka-」が同じだから、語源が同じですか」という質問が出ました。「赤い」と「明るい」は漢字が異なるので語源は違うだろうと安易に考えていたところ、語源辞典を調べ、どちらの語も動詞の「夜があける」という意味の「あからむ」から発生し、語源が同じだとわかって愕然としたことがあります。

　また、ある時に「『ありがとう』と『すみません』はどう違いますか」という質問が出ました。日本人なら当たり前のように使っているので、その違いなど、考えたこともありません。これも、教師の持ち帰り宿題とし、次の授業までに調べました。「『ありがとう』は自分が直接利益を受ける感じが強いのに対し、『すみま

せん』は、相手にかけた手数に対し、申し訳なく思うことを述べている」(文化庁編 1995: 619)ということがわかりました。したがって、「誕生日、おめでとう」と、言葉で言われるだけなら「ありがとう」で返答しますが、それにプレゼントが添えてあると「ありがとう、あ、どうも、すみません」となります。「なるほど」と、合点したことがあります。「知らないこと」は悪いことではありません、どう処理するかが重要なのです。「失敗すること」は怖いことではありません、そこから何を学ぶかが大切なのですから。

✧ときめき☆POINT✧

➡学習者と共に学ぶ姿勢が信頼を生む

　授業で、自分が「わからないこと」「答えられないこと」は怖くありません。むしろ、自分を育てるためのビタミン剤だと考えると成長できます。教師も学習者と共に学ぶ、一生懸命に取り組む、その姿勢が学習者たちの共感を呼び、信頼感を生むのだと考えます。

2.3　楽しさは伝染する

　前述のエジソンの名言の中に「私は一日たりともいわゆる労働などをしたことがない。何をやっても楽しくてたまらないからだ」という言葉があります。教師が「授業を楽しい」と思う気持ちは、学生に伝染します。かつて、私が高校生だった頃、古典は嫌いでした。同じ日本語なのに、外国語のようで、単語を覚えるのが辛かった経験があるからです。しかし、大学院生の時に源氏物語を科学的な観点から捉えて、楽しそうに講義している先生に出会い、古典文学にすっかり魅了されてしまったことがあります。話す側が面白い、楽しい…という気持ちで話していると聴衆も思わず引き込まれてしまいます。本書の中にある第5章(長山)「授業に笑いを取り入れる」や第7章(有田)「地雷をあえて踏む」の考え方も教師がいかに工夫するかで授業が変わることを説いていると思います。

　学習者の興味や関心を十分に考え、いかに必然性のある場面の中で無駄なく、飽きさせずに練習ができるか、いかに教師が話す量を減らして、学習者に発話や活動する量を増やすか。そのためには、念入りな準備が必要です。日本語教育のパイオニアの一人である元早稲田大学教授の木村宗男氏は、ある大学での講演で、教師が心がけるべき点は、「準備は周到に、授業は大胆に」であると述べています。準備を周到にすれば、「この活動、盛り上がるかな」「定着させられるかな」など、教師

自身がワクワクして、自然と授業に行くのが楽しみになるのではないでしょうか。

------ ✧ ときめき☆POINT ✧ ------

➡楽しい授業は、教師が授業を楽しむ気持ちから
　「楽しい授業」を目指すなら、教師自身が授業を楽しむ姿勢を持つことです。「知らないこと」「失敗すること」を怖がらず、学習者と共に学ぶ姿勢を持つことが大切です。

3. みんなちがってみんないい
3.1 学習者の数ほどの教授法と誤用訂正

　金子みすゞの『わたしと小鳥とすずと』の詩に、「鈴と、小鳥と、それから私、みんなちがって、みんないい」という一節があり、「私は小鳥のように飛んだり、鈴のようにきれいな音は出せないけれど、地面を走ったり、たくさんの歌を知っているよ」と語り、互いに優劣はなく、それぞれに個性があり、それぞれが素晴らしいのだと説いています。横溝(2004)は、教育実践の中でこの考え方を取り挙げ、典型的な良い日本語教師が存在するのではなく、日本語教師もさまざまであっていい、みんなちがって、みんないいと述べています。

　私が大学の教員だった時に、卒論や修士論文で「中国語話者に最適な日本語教授法について」や「英語話者の誤用への効果的な訂正について」のテーマを取り挙げたいという学生が訪れたことがあります。いずれも私は、「う〜ん、それらはテーマとして取り扱うことは、私には困難ですねぇ」と返答しました。それは、「最適な教授法」も「効果的な誤用訂正」も、その存在を探すのは難しいからです。教え方は学習者の数だけあると先述しているとおり、万人、あるいは中国語話者全体に「最適」な方法は、万能薬と同様、存在しません。また、誤用訂正の方法も学習者のレベルや背景、授業の内容や残り時間、訂正の方法など、ありとあらゆる要因を判断して誤用訂正しなければならないので、「効果的」などといった安易な言葉でまとめられる方法はありません。

　授業中に教師が行った誤用訂正を学習者がどの程度気づいているかを調査した研究があります。実際の授業をビデオ録画し、終了後、学習者たちに教師に誤用訂正された箇所を調べたところ、半数以上、気づいていませんでした(Roberts 1995)。誤用を産出した学習者に、明示的訂正(明確にそれは誤用であるとして訂正する方

法)や暗示的訂正(それとなく正用を与える)のどちらがいいのかは、誤用の種類、学習者のレベルなどによって異なり、第二言語習得研究の分野では、まだ結論が出ていません。

3.2　5人のベテラン教師へのインタビュー

　以前、出版社に「日本語教師という仕事」というテーマで講演を依頼された時のことです。「日本語教師も学習者同様、みんなちがって、みんないい」ということを伝えたくて、次に登場する日本語教師をビデオ録画し、講演で紹介しました。その内容の一部を記載します。

　最初に紹介するのは、長年、年少者の日本語教育に携わっている二口とみゑ氏(前広島市立東浄小学校日本語教室嘱託)です。二口氏は、自転車事故で顎の手術を受け、話せない苦しみを味わった後、言葉を発することに幸福を感じ、日本語教育の世界に入り、「言葉は心」をモットーに、当時、小学校と高等学校の取り出し授業で日本語を教えていました。このインタビューで二口氏は、言葉を単なる伝達手段として、文法規則を教えるのではなく、心を大切にした、心を表すものであることを伝えたいと話しています。また、年少者への日本語教育については、次のように述べています。成人学習者であれば、教師に対し気遣いや遠慮があるため、授業中は静かに聞いてくれますが、子供の場合は文法説明が理解できないし、興味や関心に左右されるので、いかに授業に参加させるか、集中させるかが重要です。

　二番目に、地域のボランティアで日本語を教えた経験が長い間瀬いく氏(東広島市教育文化振興事業団)を紹介します。間瀬氏は、かつて中国語を学んだ経験からボランティアで教え始めたのがきっかけで、日本語教育の世界に入り、留学生の奥さん、日本人の男性と結婚したフィリピンの女性、それから小中学校で中国からの帰国者の子供たち、日本語学校の留学生を教え、後には、公的機関で日本語教育のコーディネータを務めた経験を持っています。

　間瀬氏の日本語授業での忘れられないエピソードとして、学校に全く行ったことのない中国帰国者の一人の女性の話があります。年齢は60代半ばです。「せんせい、わたしあたまわるい。だからにほんごおぼえられない……わるいね。せんせい。せんせい、たいへん」。中国語の読み書きができないので、メモができず、中国語で書いてある意味もわからなかったのですが、彼女は来日してから20年近く、日本語を少しずつ学び、上述のように自分の言いたいことを日本語で表現できるようになり、ひらがなを覚え、たどたどしくではありますが、教科書を読めるようになったそうです。「せんせい、中国語は読めないけど、日本語は少し読める。うれ

しいね」と言う彼女の言葉を引き、日本語を学ぶことの根本がここにあるように思えると話していました。

　間瀬氏は、ボランティア教室で教える場合の難しさについて、次のように話しています。「地域の学習者は、生活者なので国籍、年齢もまちまち、学ぶことに興味のある人、ない人、話すことに興味のある人、読むことに興味のある人もいて、当然、レベルもさまざまで、いろいろなタイプの人がいます。しかし、それに応じてクラス分けが細かくできるわけではないので、いかにクラス運営をするかが難しい」と言います。具体的な対策として、教室に教師だけでなく、数名のボランティアの支援が得られるなら、教師がその日の教授項目を導入して、口慣らしの練習をした後、4～5つのグループにし、ある時はレベル別、ある時は国別、ある時はニーズ別に分けて、教師がグループ別に用意した教材で練習するのだそうです。学習者一人ひとりの顔を思い浮かべながら教材を用意する間瀬氏の様子が想像できるようです。

　間瀬氏は、これから日本語教師を目指す人に対するメッセージとして、自分のまわりにアンテナを張って、好奇心をもって、いろいろな情報を得ること、得た情報を受け入れるだけでなく、それに対して自分なりの物の見方や考え方を持つことが重要だと語っています。

　三番目に紹介するのは、日本語学校と日本の高等教育機関で教えた経験を持つ金田智子氏（学習院大学）です。両者の違いについて尋ねると、日本語学校で教える場合、特に進学予備教育では目的がはっきりしていて、1年間での到達目標があり、目指すものがはっきりしていることを挙げています。他方、高等教育機関では、他の専門領域と同時進行で日本語授業を受けるので、クラス全体の目標を設定するのが難しいそうです。金田氏は、教える上で大切なこととして「遊びごころ」、言い換えると「発想の豊かさ」を挙げ、その発想を常に変えていくことが大事であるとしています。発想の転換のためには、これでいいのかどうか、いつでも自分に問いかけること、学習者の異文化を尊重し、授業で彼らと協働作業をしていくためには、それが重要だと思うと話しています。

　四番目は、海外と日本国内で教えた経験を持つ横溝紳一郎氏（西南女学院大学）です。海外と国内で教える場合の違いについて、彼自身の経験であることを前置きし、次のように述べています。米国の大学で教える場合は、かなりの予習が期待でき、「学生の予習を前提として、それを最大限に活かす授業を提供する」ことを約束・実施することによって、各学生が最低2時間程度の事前学習をしてくれていたそうです。しかし、国内では授業のスピードが速かったり、学習者が仕事をかかえ

ていたりするので、海外並みの予習がなかなか実現できないため、国内で教える場合は、基礎的な部分も授業でカバーすることが必要だと話しています。

また、横溝氏は海外で日本語教師になるための条件として、「日本語を正しく話せる、日本語、教授法、日本文化や心理学的な知識があり、異文化適応が出来るなどの一般的な事柄に加え、現地の言語が多少使えること、日本語教育以外の専門分野を持つこと、海外経験や資格を持つこと、そして協調性のある人が好ましいこと」を挙げています。「協調性」の重要性については、本書第2章(戸田)の「チームワークで乗り越えろ」と共通するものがあります。横溝氏に日本語指導で大切な点を尋ねると、「心の柔らかさ」と「自分が授業を楽しむこと」を挙げ、日本語教師になりたい人へのメッセージとして、まず、自分で何か行動を起こすことの重要性を述べ、行動を起こしていく中で見えてくるもの、起きることを受け止めることの大切さを述べています。

最後に、当時、民間の日本語学校で長年主任講師をしていた経験を持つ近藤妙子氏(広島国際文化学園大学)を紹介します。近藤氏は、1980年の初めから日本語教育に携わっていて、仕事上、面接などを通して日本語教師を選出し、その後、彼らを養成していく立場にあるので、その観点から採用、不採用の判断のポイントを話してくれました。近藤氏は「まず、話し方が重要です。それは、上手に日本語が話せるかとか標準語が話せるかとかではなく、威圧感がないか、それが第一です。それから、その人の持っている姿勢、前向きな態度があるかどうか、を見ます。重要なポイントとしているのは、面接をしている時にその人の性格がわかりやすいか、感じ取れるかどうかで、学生たちも性格がわかりやすい先生は、安心して授業を受けられると思います」と話しています。「性格が分かりやすい」という点については、明るい性格か暗い性格かではないこと、「性格が分かりにくい人」とは、何を考えているのか、どういう気持ちでここに応募したのかが不明な印象を与え、つかみどころのない感じがある人であると補足しています。教える上で大切な点は、日本語も含めてですが、引き出しがたくさんあること、先取り精神があって、同時に実行に移すことには慎重であること、さらに、自立や奉仕の精神があって、最後に体力があることだと言います。

いずれの先生方の話も説得力のある内容の濃い話で、何度視聴してもその度に考えさせられます。

この章の冒頭で、「内向的な自分は、日本語教師が務まるかどうか」という質問を掲げています。実際、日本語教師を目指す人に尋ねられる質問は、「日本語教師には向き不向きがありますか」です。その質問を先述の5人に尋ねたところ、さま

ざまな回答が出ました。

　須藤氏は、向き不向きはあると述べ、言葉のセンスがなく、言葉に対してあまり意識が行かない人は向かないのではないかと回答しています。間瀬氏は、人と交わることが好き、人の話を聞いたり、話したりすることが好きな人には向いていると思うが、そういう人でなくても、経験を積むと学習者への接し方も上手になってくる人が多く、まったく向かないという人はいないのではないかと述べています。金田氏は、「『仕事が楽しい、続けたい』という気持ちがあれば、苦手なことも克服できると思うので、適性というのはあまり関係がないのではないか」と述べ、近藤氏は、向き不向きは意識したことがなく、あるかもしれないが、ほとんどは努力でカバーできると話しています。また、横溝氏は、向き不向きでとらえるよりもすぐ飛び込んでいけるかどうかが重要であり、現在教壇に立っている先生方も多様なので、こういう人でなければいけないというのはないと思うと話しています。まさに、「みんなちがって、みんないい」のです。

✧ときめき☆POINT✧

➡多様な学習者、多様な教師、それが自然

　学習者も多様なのだから、教師も多様であっていいし、自然なことです。むしろ、多様であることを踏まえ、教師としての自分の強みを見つけ、そこを伸ばしていく努力をすることが大切です。

3.3　継続はチカラなり

　最後に取り挙げるのは、続けることの威力です。スポーツ選手の必読書と言われている書物に、宮本武蔵が晩年、勝利と人生哲学を記した『五輪書』があります。そこには、「千日の稽古をもって鍛とし、万日の稽古をもって錬とす」と書いてあり、稽古を続けることが勝利への道であることを述べています。

　私自身、40年以上の日本語教師の経験を経て、言語学習に近道はないと考えています。一言でいえば、上達の秘訣は「練習の質と量」なのです。さまざまな新しい教授法が登場しても、優秀な学習者のストラテジーを学んでも、学習者自身が四技能を使って練習をしなければ、上達しません。現場の教師は、それを十分に知っているからこそ、手を変え、品を変え、学習者の練習（ドリル）の量を増やす努力をします。

第1章　日本語教師は接客業である

　パナソニックの創業者である松下幸之助の有名なトイレ掃除の話があります。彼が創業して間もない頃、年末の大掃除が終了した後、社長である松下氏が見回ったところ、従業員のトイレが汚れたままだったのに気づき、社長みずから掃除し始め、従業員にその大切さを説いたという話です。松下氏は、誰もが嫌がる辛い仕事を率先して行い、辛いことを辛抱して続ければ、それは、その人の成長、さらに仕事のヒントや質の向上に繋がることを伝えています。松下氏だけでなく、HONDAの本田宗一郎氏、イエローハットの鍵山秀三郎氏など、トイレ掃除から学んだ経営者は、数多く出ています。鍵山氏は、「事業がここまでやってこられたのは、『誰でもできることを誰にもできないくらい、続けてきたこと』以外に理由はない」と述べています。京セラの創業者稲盛和夫氏の「継続が平凡を非凡にする」という名言は、継続の難しさとその威力の大きさを表していると言えます。

　なぜ、継続することがチカラになるのでしょうか。それは、辛抱して何度も続けていると、いろいろなことに気づかされるからです。トイレ掃除にしても、どうすれば汚れが落ちるか、雑巾は固く絞るべきかなど、それに応じてさまざまな工夫を考え、それを実践することでより良いものが生まれます。同じことの繰り返しは決して、同じことではないのです。注意を向ければ、日々、何かに気づくことができます。そこから、工夫が生まれ、新たな成長に繋がるのです。

　日本語習得や指導も同様です。ある日本語学習者は、日本語のレベルが超級であるにもかかわらず、もっと上手になりたいという要望から、シャドーイング（流れてくる音声を影のように追って、声に出して練習する方法）を始めました。そして、同じ題材をシャドーイングするが、時にはリスニングから始めたり、自分のシャドーイングの発話を録音して、音源である日本人の声と比べてみたり、さまざまな工夫を重ねて、さらに上手になっていきました。何回も同じことをしているうちに、どこが違うのか、今まで気づかなかったことに新たに気づいていき、それが習得や指導につながるのです。

　ある日本語学習者が「ビデオを視聴する場合、10本の違うビデオを見るのと、1本のビデオを10回見るのと、どちらがいいですか」と尋ねてきました。気づきの重要性を考えると、当然、1本のビデオを10回見る方が良いのです。最近、海外で日本語を学んでいる学習者の中には、日本に留学しなくても、自然な日本語を話す超級レベルの日本語学習者がいることに驚かされます。聞いてみると、パソコンで日本のドラマを毎日何時間も見るといいます。連続ドラマで同じ回のドラマを毎日1時間、1週間見ると、最後には主人公のセリフまで覚えてしまうと言っていました。

> ➡ 指導のコツは、日々の積み重ねにあり
> 　諦めずに教え続けること、学習者と共に学ぶこと、一生懸命に取り組むこと、そうすれば自ずと指導のコツがわかり、成長に繋がっていきます。

4. おわりに

　接客業で大切なことは、店と顧客の「信頼関係」を生むことです。これまで述べてきた「学習者を理解すること」「共に学ぶこと」「精一杯取り組むこと」、そして、それらを「続けること」は、学習者たちとの「信頼関係」を生みます。

　行列のできる人気のレストランも「あそこに行けば、必ず、美味しいものが食べられる」という信頼があるからこそ、人は集まるのです。閉園していくテーマパークが多い中で、東京ディズニーランドのリピート率は常に90％を超えています。その具体的な魅力のポイントはさまざまな点にありますが、端的に言えば、「あそこに行くと必ず楽しめる」という期待を裏切らないからではないでしょうか。

　授業も教師も同様です。「あの先生は、学生一人ひとりを大切にしてくれる」「自分のこともきちんと見てくれる」「一生懸命、授業を考えている」「質問に真摯に答えてくれる」「授業が楽しそうだ」「何かおもしろいことを工夫している」「ごまかさない」「あきらめない」などなど、教師に対して抱くこのような気持ちが、学習者の共感をよび、信頼関係を築く大きな要因となります。

　本章で伝えたかったことは、「自分の周囲にいる学習者をよく観察し、どうすれば相手が楽しく授業に参加するかを学習者の立場になって考え、それを日々続けることが大事だ」ということです。秘訣も秘技もありません。

　「学習者(顧客)を理解する」「授業(仕事)を楽しむ」「一生懸命、続ける」、この3つが学習者(顧客)と教師(店・店員)の信頼関係を築き、素敵な日本語教師に辿りつくための三種の神器だと考えます。

参考文献
大村はま・刈谷剛彦・刈谷夏子（2003）『教えることの復権』筑摩書房．
文化庁（編）（2015）『言葉に関する問答集　総集編』大蔵省印刷局．
堀口純子（1992）「日本語教育実習指導のための基礎的研究」『日本語教育』78, pp.154-166．
横溝紳一郎（2004）「「学習者中心の日本語教育」への試み」小山悟・大友可能子・野原美

和子（編）『言語と教育─日本語を対象として─』pp.393-413, くろしお出版.

Roberts, M.（1995）Awareness and the efficacy of error correction. In R, Schmidt.(Ed.) *Attention and awareness in foreign language learning*（pp.163-182）, Hawaii: Second Language Teaching and Curriculum Center.

第1部

第2章

チームワークで乗り越えろ
海外で教育効果を発揮するチームワーク

戸田淑子

> **質問**
>
> 海外で日本語を教えることになりました。初めてなので楽しみですが、教えるのはどんなところなのか、一緒に働く同僚はどんな人たちなのか、教えるのはどんな学習者なのか、現地でちゃんと生活していけるのかなど、いろいろな不安もあります。どんな準備や心構えをしたらよいでしょうか。

> **回答**
>
> たしかに日本と海外では教える環境も違いますし、現地では外国人として生活しながら教えなければなりませんから、乗り越えなければならない課題がいくつもあるように思えてしまいます。
>
> そこで、海外で日本語を教える困難を「チームワーク」で乗り越える方法を提案したいと思います。チームワークと聞くと皆さんは「同僚と協力して仕事をすること」とイメージされるのではと思います。しかし、ここでは、チームワークの「チーム」を普段イメージする「一緒に仕事をする同僚」より広く捉え、海外での教育上の困難を乗り越える提案を行います。具体的に「チーム」とは、同僚だけではなく、自分自身を取り巻く現地の日本語教育、学習者、現地の環境などを含みます。オキテ破りとも言える、そうした広い捉え方をすることで、様々な問題や悩みへの対応がうまくいくのです。

1. 海外で日本語を教える困難への対処法としての「チームワーク」

　私は以前、海外で日本語を教えていたとき、自分一人が独立してそこに存在しているのではなく、自分の周りにいろいろなリソースが存在しており、それらを含めて現地で日本語を教えることを考えなければならないという経験をしました。そして、自分とそれらのリソース全てがチームワークのようにうまく機能することが海外で教えるときに大切なことだと感じました。

具体的には、海外で自分を取り巻くリソースを図1のように考えます。

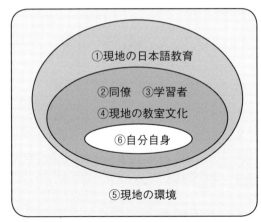

図1　海外で自分を取り巻くリソース

　私たちは海外で働くとき、こうした多様なリソースとチームを組み、チームワークを発揮していかなければならないのです。そこで、本章では、私が海外で教えた経験を交えながら、それぞれのチームワークをどう活用していけばよいかについてご紹介します。その前に、私が以前教えていた教育機関について簡単に述べます。

　私が所属していたのは、マレーシアのある大学内に設置された、日本留学を目的とした予備教育機関です。中等教育修了試験の結果によって選抜された1学年約100名の学習者が、マレーシアの国費留学生として日本の国立大学に入学して学業を修めることができるように、主に日本語と理数系科目を2年間学習します。留学を終えた後は、主に工学系のエンジニアになることが期待されています。

　教師の構成は、日本語科は大学に所属するマレーシア人日本語教師約10名、日本から派遣された日本語教師10名、理数科は日本から派遣された理数系教師約20名です。

　授業は月曜日から金曜日まで毎日午前8時から午後6時まで行われます。日本語の授業は、1年次は週に20〜27時間、2年次は週12時間で、ほとんどの学習者が入学前に日本語学習経験が全くないため、ひらがなの学習から始めます。日本語以外の時間は理数系科目と英語の授業となっています。表1のように、日本語の授業はマレーシア人教師と日本人教師によって日本語で行われます。理数系科目の授業は数学、物理、化学で、1年次前期のみ大学所属の他コースとの兼任のマレーシア人教師によって英語で行われますが、1年次後期からは日本人教師によって日本語で行われます。

表1　日本語及び理数系科目担当の教師

	日本語	理数系科目
1年次前期	マレーシア人教師・ 日本人教師	マレーシア人教師 （他コースと兼任）
1年次後期		日本人教師
2年次		

　私の経験は、このような特徴を持つ機関での経験ですが、できるだけ、これから海外のさまざまな機関で教える皆さんと共有できるようなことがらを取り上げたいと思います。それでは、それぞれのチームワークの活かし方について考えていきます。

2. 現地の日本語教育とのチームワーク

　現地の日本語教育の背景を知ることは、所属する日本語教育機関の設立目的、そこで日本語教育に関わる意義を理解することにつながります。例えば、私が教えていたマレーシアの機関は、1981年に就任したマハティール首相が提唱した日本や韓国をモデルとして人材を養成する構想、東方政策（Look East Policy）によって1982年に学部留学プログラムとして開設されました。これまで3,000名を越える卒業生が日本に留学し、学業を終えた後はさまざまな分野で国の発展に貢献しています。ですから、この機関での日本語教師の役割は明らかで、マレーシアの将来を担う学習者が日本の大学での学業に必要な日本語能力を養成することです。

　このような現地の日本語教育の背景を知ることによって、同僚の現地教師が養成され、現在に至るまでの経緯を理解し、これからの彼らへの協力について考えることもできます。私の同僚であったマレーシア人教師は、東方政策の一環である日本語教師養成プログラムや、前述の学部留学プログラムでの留学を終えて帰国し、日本語教師として赴任しました。赴任当初は日本語教授法についての支援が必要でした。しかし、その後、マレーシアや日本で言語学や日本語教育学の修士号、博士号を取得し、学内での要職に就くなど、マレーシアの日本語教育を担う人材となり、大学教員としての研究活動と教育活動との両立や、マレーシアの日本語教育発展のための学会開催に向けた協力が必要となりました。また、彼らの教え子世代が母校へ日本語教師として戻ったため、教師養成・研修が必要となりました。

―❖ときめき☆ＰＯＩＮＴ❖―

➡現地の日本語教育の背景を知る
　現地の日本語教育の背景を知ることによって、所属機関の設立目的、そこでの日本語教育の意義を理解することや、現地教師の背景、彼らに対する協力について考えることができます。

3. 同僚とのチームワーク

次は同僚を以下のように分けて、チームワークの活かし方を考えます。
・現地教師
・日本人教師
・現地スタッフ

3.1 現地教師とのチームワーク

　現地教師は学習者と母語・文化背景を共有し、日本語学習経験を持つので、学習者を理解する上で、いろいろな示唆を与えてくれる強力なチームメンバーです。現地教師と日本人教師がそれぞれの利点を活かしてチームワークを発揮するためには、コミュニケーションの活性化が必要です。ここでは、コミュニケーションが活性化した二つの協働の例を紹介します。

①ブロック制
　私たちは２クラスを１ブロックとし、３人から４人の教師で運営するブロック制を採用していました。教師は、表２のようにマレーシア人・日本人混成でチームを組みました。

表２　ブロック制

ブロック	A		B		C		D	
クラス	1	2	3	4	5	6	7	8
教師	マレーシア人教師A 日本人教師A 日本人教師B		マレーシア人教師B マレーシア人教師C 日本人教師C		マレーシア人教師D 日本人教師D 日本人教師E		マレーシア人教師E マレーシア人教師F 日本人教師F	

そして、表３のように、それぞれの教師が２クラスで同じ授業を行いました。

表3　あるブロックのある1日のスケジュール

	1クラス		2クラス	
1時間目	聴解	日本人教師A	1課①	マレーシア人教師A
2時間目	1課①	マレーシア人教師A	1課②	日本人教師A
3時間目	1課②	日本人教師A	1課③	日本人教師B
4時間目	1課③	日本人教師B	聴解	日本人教師A

　このブロック制にはマレーシア人教師と日本人教師の協働において以下のようなメリットがありました。

　まずは、授業に関する協力です。例えば、授業で学習者がなかなか理解できなかったり、間違った使い方をしたりした学習項目があれば、ブロックでの打ち合わせのときに検討材料として共有します。そのときに、マレーシア人教師は経験から学習上の困難点についてよく把握しているので、困難である理由について母語であるマレー語と比較しながら説明することができます。一方、マレーシア人教師が授業で説明したり、例文を提示したりするときに、それらが正しいかどうか自信がない場合には、日本人教師に聞くこともできます。また、宿題・テストの採点、作文の添削などにおいて、正しいと判断してよいか迷う微妙な解答や記述については基準を決め、フィードバックのコメントも一緒に考えることもできます。

　授業以外のことについても協力できます。複数の教師で学習者を見ていますから、学習者に何か問題があった場合、ブロックで話し合い、解決策を考えることができます。日本人教師がなかなか気づかずわかりにくい学習者の事情もマレーシア人教師を通して知ることができます。また、言語的、文化的なことなどについてお互いに質問することができます。例えば、マレーシア人教師に日本語習得の方法を聞いたことがありました。その教師は「留学して2年間ぐらいは見たり聞いたりして分からない言葉があれば、全てノートに書き留め、後で辞書で意味を調べて覚えるようにした。今でもそのときのノートは宝物だ」と言いました。その話を聞いて、実際に日本語習得の過程を経てきた教師からその経験談を身近に聞けることは、日本人教師にとっても学習者にとっても有益なことだと思いました。

　このように、ブロック制ではマレーシア人教師と日本人教師はお互いに補完しながら協力することができます。打ち合わせは少人数で行うので、コミュニケーションも取りやすく、話し合いもスムーズに行われます。

②誤用分析を利用した文法の打ち合わせ

　ある時期には学年全体で学習者の誤用分析を利用した文法の打ち合わせを行って

いました。誤用例は前年度のテストや宿題の採点・添削時に多く見られたものを集めデータベース化し、担当の日本人教師が誤用の特徴ごとに分類し、同じく担当のマレーシア人教師がマレー語の影響だと思われる点など誤用の原因について説明を加えました。その分析結果を打ち合わせ資料とし、学習項目の指導上注意すべき点について意見交換を行いました。

　打ち合わせは、このような誤用例の提示・分析を加えたことで、より現状に即したものとなり、学習者が間違いやすいところや理解が難しい点を共有することができました。ですから、指導案を考える際や、授業で導入する際には、誤用が生じる可能性のある項目を意識したり、授業や宿題、テストで誤用が見られた際には、打ち合わせの検討内容をフィードバックに活かしたりすることができるようになりました。

　また、この打ち合わせはマレーシア人教師、日本人教師の双方向的な学びとなりました。それ以前の打ち合わせは、学習項目の指導上の留意点を確認するだけに留まっており、マレーシア人教師からの発言は特にありませんでした。しかし、誤用分析の導入により、マレーシア人教師から、学習者が何を言おうとしていたのか、なぜ誤った使い方をしてしまったのかというコメントや意見が積極的に述べられるようになりました。一方、日本人教師も、マレー語との比較・対照が必要になったことから、マレーシア人教師に対して活発に質問するようになりました。また、誤用を見分けたり、学習者への説明方法を提案したりしてマレーシア人教師の求める情報を提供しました。

　このように、この打ち合わせでは、ベテランが新人を、日本人教師が現地教師をという従来の教師研修のような関係ではない対等な関係で発言し、話し合いが活発になったばかりでなく、マレーシア人教師と日本人教師の協力体制が構築され、職場のチームワークが向上しました。このようなそれぞれの長所を活かした打ち合わせは、現地教師と日本人教師が共に働く職場ならではのものだと言えます。

――ときめき☆POINT――

➡現地教師とのコミュニケーションを活性化させる

　現地教師と日本人教師がそれぞれの利点を活かしてチームワークを発揮するためには、コミュニケーションの活性化が必要です。その方法として授業担当の配置や、打ち合わせのやり方の工夫などが考えられます。

3.2 現地教師とのチームワークの上で気をつけること

　現地教師とチームワークを発揮するために、気をつけなければならないこともあります。それは、以下のようなことです。

　①日本人派遣教師の勤務スタイル
　②日本語母語話者としての態度
　③文化背景の違い

　①「日本人派遣教師の勤務スタイル」について、マレーシア人教師から「日本人の先生は2～3年で帰国するけど、私たちはずっとここにいるのです」と聞いたことがあります。その言葉は、日本人派遣教師が故郷・家族・友人を離れ、使命感を持って派遣された期間、仕事だけに集中し、一日の全てを捧げるかのように一生懸命働くスタイルが、その土地に暮らす人々のライフスタイルとは異なるものであるかもしれないということを示唆しています。例えば、マレーシア人教師は、家族と過ごしたり、近所や親戚の集まりにも顔を出したりと、大切にしている「生活」がありました。

　このような違いに対処するためには、現地教師が所属機関や家庭で期待される役割を知った上で、協働の方法を考えなければなりません。例えば、マレーシア人教師は、日本語科の授業や業務以外にも、大学教員として大学から指示された仕事があり、中でも大学講師の肩書きがある教師は年間の研究業績が求められています。そして、授業に関する業務においては、予備教育課程で進度が速いため、マレーシア人教師、日本人教師に関わらず、授業準備や教材作成に追われがちです。

　そこで、業務の負担を軽減するべく、前述のブロック制が導入されました。ブロック制では同じ内容の授業を2つのクラスで担当しますから、授業準備が半分に減るというわけです。ブロック制には、マレーシア人教師と日本人教師がお互いの長所を活かした協力ができるというメリットのほかに、負担の軽減というメリットがありました。このように、業務の質を落とさずに、負担を軽減することも工夫次第でできるのです。

　また、使命感と情熱を持った派遣教師として、現地で新しいプロジェクトを数多く立ち上げることもありますが、その際には周囲の教師に負担を強いることになりはしないか配慮が必要です。例えば、教科書の変更です。自分の任期中に何か新しいことを手がけたいと考えるのは当然のことですが、教科書の変更は付随する教材やテストなど全てを新たに作成し、関連する他の科目との整合性を全て見直すな

ど、大きな負担を伴うものです。教科書を変更する際は本当にそれが必要なのか、周囲の教師と慎重に検討し合意を得た方がよいでしょう。もちろん、教科書は日々開発が進んでおり、思い切ってよいものに変更しなければならない一面もありますが、「ずっといる」現地教師からしてみれば、変更が頻繁に行われると「また？」という気持ちになることもあるようです。

　私の職場では以前、教科書変更の際に、マレーシア人教師、日本人教師の両方で変更する際のメリット、デメリットを検討した上で、変更を決定したと聞きました。議論を尽くして皆が納得する結論を導くのには時間がかかりますが、立場が違う教師がいる職場では、その両者で検討するという過程が非常に重要です。

　②「**日本語母語話者としての態度**」についてですが、何度かマレーシア人教師の気分を害してしまい、考えさせられることがありました。試験を分担して作成している際、マレーシア人教師が回覧してくれた問題に日本語の間違いや、妥当性に問題があるものがあったので、訂正をお願いしました。すぐにマレーシア人教師は訂正して見せてくれましたが、まだ間違いがあったので、試験に間違いがあってはいけないとの思いもあり、再度訂正をお願いしました。ですが、間違いの指摘が２回におよび、マレーシア人教師をとても傷つけてしまいました。マレーシア人教師も間違いは直してほしいと思っているとは思いますが、何度も直されるのは教師として気持ちのいいものではありません。

　このようなことがないように、最初に訂正をお願いした際に、分かりにくい箇所についてはもっと丁寧に説明するべきでした。また、今回のように、日本語の正確さが問題となる場合、無意識に日本語母語話者としての自負心が出てしまい、現地教師に対してであっても、学習者への対応のように「添削する」という態度になり、それが「上から目線」を感じさせてしまったのではないかと思います。このような優越感を伴った態度は改めなければならないと感じました。

　③「**文化背景の違い**」については、以下のようなことがありました。マレーシアでは宗教的に大切な日がありますが、その日についてあまり気をつけておらず、話し合いの日に指定してしまい、マレーシア人教師を大変困らせてしまったのです。問題が発覚してすぐ、よく知らなかったからだと謝って日にちを変更することにしました。このように相手を傷つけようと思っているわけではないのに、文化背景の違いから摩擦が生じることがしばしばあります。そのようなときにはこちらの意図を伝え、相手の意向を聞くことは基本的なことですが、それだけでなく、普段からよくコミュニケーションをとり、よい関係を作る努力をしていたら、問題が起こったとしてもあまり大きくならずに済むのではないでしょうか。

また、自国を離れての海外生活で、ついストレスがたまり、現地教師に失礼な態度で接してしまうことがあるかもしれません。しかしその結果、思わぬ印象を与えてしまう恐れがあります。母語話者教師として優越感を抱いていると受け取られたり、アジア地域の現地の人々に対する差別と誤解されたりするかもしれません。お互いを尊重し、気持ちよく働き、そして両者にはものごとを選択する自由があるという、人間関係の構築に必要な基本的な条件を思い出さなくてはならないと考えます。

3.3　日本人教師とのチームワーク

　日本人教師も、現地教師同様、職場での正真正銘のチームメンバーです。いろいろな背景の教師が集まっている場合、お互いから学ぶことができ、授業だけでなく仕事全般について幅を広げることができます。

　先輩教師は新しい職場について貴重な情報を与えてくれる存在なので、赴任前にコンタクトをとってアドバイスをもらえると、準備に役立てることができます。

　同じ時期に赴任した同期教師は、赴任前から、現地での仕事・生活に慣れるまでの苦楽を共にすることが多いので、お互いに協力できたら心強いです。特に赴任したばかりの頃は交際範囲、行動範囲が職場に限られるので、同じような立場の教師とは、職場以外でも助け合える密接な人間関係が築かれることが多いです。

　また、現地の人との結婚やその他の理由でその地に長く住んでいる日本人教師は、現地の言葉もでき、現地の生活に溶け込んでいる現地通が多いので、仕事だけでなく生活面でもお世話になるでしょう。

　同僚ではありませんが、現地にはさまざまな目的で滞在している日本人がいます。そのような人たちとのネットワークによって、仕事や生活が豊かなものになるでしょう。私の場合は、マレーシアの地域研究者から専門家ならではのマレーシア事情を聞いたり、日本人留学生や退職後の長期滞在の方々に交流会やホームビジットに協力してもらったりしました。

　このように日本に住んでいたら会えなかった人々との出会いがたくさんあり、人生のある時期に海外での特別な時間を共有した同僚や知り合った人の中には、一生付き合える友人となる人もいるかもしれません。

> ✧ ✦ ✧ ✦ ✧ ✦ ✧ ✦ ✧ ✦ ✧
> ✧ ときめき☆POINT ✧
>
> ➡ 日本人教師同士もお互いに学び合い、視野を広げる
>
> 　日本人教師同士も異なる背景からお互いに学び合えたら、授業だけでなく仕事全般について視野を広げることができます。同僚は、職場でもそれ以外でも助け合える心強い存在です。

3.4　日本人教師とのチームワークがうまくいかないケースとその対策

　日本人教師とのチームワークにおいて上記のようなメリットがありますが、人間関係の構築が難しい場合もあります。それは、今まで見ず知らずの教師たちがある時期から突然集まって一緒に仕事を始めるので、チームの方針を共有するまでに時間がかかりますし、仕事のやり方や考え方が違う場合、それぞれが一生懸命にやっているつもりでも、あるいは、一生懸命であるからこそ、価値観がぶつかって摩擦が起こることもあるからです。また、職場にいろいろな立場の教師がいる場合、現地採用か、日本での採用かによって待遇が違うために、摩擦が起こることもあると聞いたことがあります。

　以下では、私がこれまで海外で働いて、周囲から一緒に働きやすいと思われていた教師たちから学んだことを共有します。それは次の点です。

① 的確な判断
② だれに対しても誠実な態度
③ 緊張感を和らげる力

　まずは①「的確な判断」についてです。仕事をする上で、さまざまな状況でさまざまな判断をしなければなりませんが、的確な判断をし、その理由もきちんと説明できれば、皆が納得し、摩擦も起こりにくいようです。そして、的確な判断のためには、置かれている状況を正確に把握し、分析する必要があります。

　②「だれに対しても誠実な態度」は、周りのどの人に対しても、いつも気持ちよく接するということです。他人に対して気持ちよく接するためには、まず自分自身も気持ちよく過ごせなければならないと思います。

　最後に、③「緊張感を和らげる力」についてです。現地である任務を負って仕事に取り組んでいる場合、無意識のうちに職場や自分自身に緊張感が生じてしまうこ

とがあります。緊張感が多い職場だと摩擦や衝突が起きやすく、そこで働く人々に精神的なストレスを多く与えてしまうので、緊張感をなるべく生じさせないようにすることは意外に大切です。そのためには、同僚教師同士お互いに気軽に話し合える雰囲気を作りたいものです。話し合うことによって、問題の解決策を見出すこともでき、職場や個人の緊張感も和らぎます。そして、気軽に話ができる雰囲気は、問題があったときだけでなく、授業のアイデアを出し合い、実践し、振り返るという、さらによい授業を行うための一連の作業過程にもプラスに働きます。

3.5　現地スタッフとのチームワーク

　事務担当者や日本語教師以外の教師など現地スタッフも大切な存在です。意外とお世話になるのが、事務担当者です。私は印刷物の依頼から、赴任帰任の手続きまでこのスタッフを通して行いました。また、日本語教師以外の教師とも付き合いがある場合もあります。そこでの日本語教育を理解してもらい、教育活動をスムーズに行うためにも、現地スタッフとうまくコミュニケーションをとる必要があります。そのためには、現地の言葉、あるいはお互いに通じる言語でできるだけわかりやすく話す必要があります。なぜなら、現地の日本語教師は日本語を理解し、日常的に日本人教師に接しているので、日本人教師の仕事の内容ややり方を理解してくれますが、現地スタッフには理解しにくいことがいろいろあるかもしれないからです。また、マレーシアでは和やかな雰囲気の中で談笑しながら仕事を進めることが好まれていましたが、そのような現地スタッフのコミュニケーションのスタイルを知ることも大切です。

◆ときめき☆POINT◆

➡ **現地スタッフとうまくコミュニケーションをとる**

　現地での教育活動をスムーズに行うため、現地でのコミュニケーションスタイルを取り入れながら、お互いに通じる言語で、現地スタッフとうまくコミュニケーションをとる必要があります。

4. 学習者とのチームワーク

　授業は、教師と学習者が共に作りあげるものであると考える場合、学習者もチームメンバーと言えます。ここでは、学習者とのチームワークを発揮するために、以

下のことについて考えます。

① 学習者のモチベーションの向上
② 媒介語としての学習者の母語の効果的な使用
③ 教材の現地化

4.1 学習者のモチベーションの向上

　学習者との授業でのチームワークを発揮するためには、学習者の状況を知ることが大切です。海外の学習者は教室の外で日本語を話す機会がふつうほとんどありません。また、私が所属した機関は留学を目的としていましたが、留学についてのはっきりとしたイメージがなく、確固たる動機を持っていない学習者も少数ながらいました。ですから、ただ黙々と学習するだけでは、日本語学習や留学に対するモチベーションの向上や維持が難しいため、次のようなさまざまなガイドやイベントを実施しました。

　ガイドとして、日本語学習ガイドと留学ガイドを行いました。日本語学習ガイドでは、入学時、漢字学習開始時、入学から数か月後、中級学習開始時などそれぞれの学習段階に応じた学習目標、学習方法などについて説明しました。留学ガイドは、学部学科の内容、留学生活などの留学情報や就職情報などについて、日本の大学在学中の先輩、社会人の先輩、卒業生であるマレーシア人教師から直接聞くことによって、留学の目標を明確に持てるようにすることが目的でした。実際の経験者の声は心に響くので、学習者の留学のイメージを膨らませやすくする効果的な方法でした。

　以上のようなガイドの他に、次のようなイベントも行いました。漢字コンテスト、スピーチコンテスト、交流会、川柳大会、書道クラス、日本人家庭へのホームビジットなどです。特に交流会は、教師以外の日本人と日本語を話すことで自信を深めたり、不足する能力を確認したりするよい機会です。私の機関でも日本の高等学校、大学と交流する機会が年に1回ありました。私たちは交流会に先立ち、何度か手紙などのやり取りをして事前に交流相手のことを互いに知ることよって、当日の交流をより有意義なものにすることができました。普段、授業以外で日本人と話す機会がない海外の学習者にとって、このような同年代の日本人との交流会は大変貴重で、ある学習者が「日本語の勉強を始めてから今日が一番楽しかった」と興奮気味に言っていたことが思い出されます。

　交流会の協力者は自分で探すこともできます。私は、同じ大学内の、留学生がマ

レー語を学ぶ学部に電話をかけ日本人留学生を探し出し、交流会に来てもらったことがあります。また、たまたま知り合った在住日本人にも声をかけて来てもらいました。皆さん、現地の人との交流を望んでいたので、お互いにとってよい交流になりました。

その他、現地の日本関連のイベントも日本文化を楽しく学べる機会となります。マレーシアでは、国際交流基金主催の日本映画上映会、日本人会主催の盆踊り大会などがありました。盆踊り大会当日は、機関が所有する浴衣を学習者に貸し出し、着付けをしていましたが、学習者は初めて浴衣を着て、大変喜んで参加していました。

4.2 媒介語としての学習者の母語の効果的な使用

海外では学習者が母語を共有し、媒介語として学習者の母語が使える条件が整っている場合が多いです。効果的な母語の使用は、学習開始時の学習者の不安や負担を軽減し、安心して授業を受けられるようにするので、学習者と教師がチームワークを発揮するための助けの一つとなります。

私が所属した機関でもマレーシア人教師、学習者のほぼ全員が母語を共有しており、学習者のほとんどは入学前に日本語学習経験が全くなく、さらに、留学という目標達成に向かって限られた時間を効率的に使う必要がありました。そのため、学習開始時だけでなく、文法や漢字を教える講義形式の授業や、連絡会などでは、マレーシア人教師によって母語で説明や連絡が行われました。

ですが、母語の使用によって日本語に接する機会が減らないように、講義形式の授業の後に運用練習の時間を設けたり、マレーシア人教師も学習段階に応じて母語の使用量を調整したりしていました。そして、母語での説明や連絡はもっぱらマレーシア人教師に行ってもらいましたが、その内容は、マレーシア人教師、日本人教師の間で共有していました。

4.3 教材の現地化

日本で開発された日本語学習教材は、会話がなされる場面や状況を日本と想定したものが多いです。もちろん、学習者は言葉だけではなく、日本について学ぶことを望んではいますが、日本のことばかりだと、現実味が感じられないのも事実です。そこで、会話や例文には日本に関するものだけでなく、現地の地名、食べ物、有名人や、学習者が興味を持ちそうなことがら、学習者の生活に即した場面などを加えて、教材を「現地化」する必要があります。そのためにも、できるだけ現地の情報を収集するとよいでしょう。

例えば、マレーシアにある東南アジア最高峰キナバル山は例文によく使いました。「富士山とキナバル山とではどちらが高いですか」「キナバル山のほうが高いです」となると、学習者も誇らしげで、文の意味もすぐに理解することができました。マレーシアの学習者はクラスを楽しくすることが上手ですので、すぐに自分たちでマレーシア的な面白い文を作って会話練習をしてくれました。そのような現地の文化を背景とした学習者の発言を積極的に取り入れることによって、授業が生き生きとしたものになるでしょう。

✧ときめき☆POINT✧

➡学習者と共に授業を作る
　学習者とのチームワークを発揮して授業を共に作るため、学習者のモチベーションの向上、媒介語としての学習者の母語の効果的な使用、教材の現地化などの工夫が考えられます。

5. 現地の教室文化とのチームワーク

　学習者を理解するために、彼らを取り巻く現地の教室文化を理解する必要がありますが、現地の教室文化は日本のそれと違う場合があります。例えば、教師と学習者の関係です。私が接していたマレーシア人教師と学習者の場合、非常に温かい関係で、教師が時に父母、あるいは兄や姉のような役割を果たしているように見えました。それは、マレーシア人教師や学習者が語った以下の内容からもわかります。

- 「(先生を)自分の両親のように感じました。両親は遠い(所に住んでいる)から、先生はすごく近い感じがするから、先生に何でも言えます」と(学習者が)SMS(ショートメッセージ)を送ってきた。【マレーシア人教師】
- 夜中でもSMSを送ってくる。(中略)違うクラスの学生もSMSをくれる。「来週の試験はどうですか」「先生こんばんは。何をしていますか」「プリントを忘れましたが、明日出してもいいですか」など日本語の勉強になるからいいかなと思う。気楽に声がかけやすく学生にとって安心できる存在だと思う。【マレーシア人教師】
- マレーシア人の先生は私たちの日本語の世界の一部なので、親しい友人のように頼りになる話し相手として接してくれる。【学習者】

● マレーシア人の先生はよく、直面している問題があるか、元気かどうか私たちに聞いてくれる。このような先生と学生の個人的な会話において、私たちは簡単に問題を先生に知らせたり、関心を持ってもらったりすることができる。【学習者】

　このような関係は、日本留学という高い学習目標を持ち、比較的学習時間数が多い予備教育機関の特徴なのかもしれません。日本人教師は日本人としての振る舞いを期待されているという一面もあり、そのような役割を模倣する必要はありませんが、学習者が教育現場でどのような人間関係の中で育まれているか知っていると、どのような場合に違和感を覚えるのか理解することができます。例えば、学習者は日本人教師とのコミュニケーションに対して以下のような不安があるようです。

● マレーシア人の先生がいなかったら、不安。聞く人がいない、教えてくれる人がいないから、どういうふうに日本人の先生に接するかわからない。【卒業生】
●（日本人教師に対して）失礼なことかどうか判断できない。聞きたいことが失礼かどうかあまり知らないから、それは心配。【卒業生】
●（学習者が日本人教師に伝えられないのは）一つは言語の問題。それだけでなく、文化が違うから、伝えられないかもしれない。日本人の先生だったら、自分が言っていることや問題をどう思っているかわからないし、ばかばかしいと思われるかもしれない、文化が違うので失礼になる、傷つけるかもしれない、こんなことを聞いてもいいのか、言わない方がいいのかと思って、そのままにする。【マレーシア人教師】

　これらは、石井（1996）が指摘する「母語話者には問題の存在自体が見えにくい文化的側面に関する問題」で、母語話者と「社会のシステムや習慣などコミュニケーションの前提となることがらが異なるために、ことばはわかっても実質的な理解が得られなかったり、誤解を生んだりすることがあることなど、表面的には問題が目に見えないが実はコミュニケーション上で重大な問題」だと学習者が感じていることです。
　このような場合、マレーシア人教師が学習者と日本人教師の仲介を果たすことがあるようです。それは、石井（1996）が述べているように、「学習者の感じている心理的抵抗感や違和感」を「学習者と同じ文化的背景を持ち、日本語を意識的に学習した非母語話者教師にとっては自分自身も経験した可能性もあり、理解しやすい」

ためだと考えられます。具体的には、学習者は日本人教師の発言でわからないことがあったり、日本人教師に直接言ったり聞いたりできない場合など、マレーシア人教師に聞きに行くことがあります。マレーシア人教師は、問題がある場合の事情説明などを学習者に代わって日本人教師に伝え、学習者に積極的に日本人教師と話すことを奨励し、日本人教師との接し方を教え、時には日本人教師と話すための練習相手にもなっています。

- 学生が日本人の先生と話した後で、時々私のところに来る。「あの先生はなぜこの言葉、新しい言葉を使いましたか。私たちは別の言葉を習ったのに、なぜ使いましたか」と聞きに来る。それも一つの言い方だと教える。日本人の先生から時々方言も出る。そういうことがモチベーションになる。【マレーシア人教師】
- 「日本人の先生と勉強できない」と学生が相談に来たから、「なぜ駄目なのか言ってください。教え方を直してもいいと思いますよ。先生が日本人の先生に言いますから」と言った。言いにくいところは確かにあると思う。逆もある。私が間違えて教えたところを学習者が日本人教師に質問に行った。【マレーシア人教師】
- （学生に）「日本人はここにあまりないから、このチャンスを使って、今いる（日本人の）先生と練習してください。わからなくても、先生は君が言ったことを考えてくれるから、自信がなくても駄目でもどんどん言ってください。失礼な言葉は使ってはいけないよ。失礼な言葉を使わないで、先生を尊敬しながら、話してください」と言っている。【マレーシア人教師】
- （マレーシア人教師は）日本人の先生を理解するのを助けてくれる。【学習者】
- 日本人の先生とマレーシア人の先生が話しているのや付き合いを見ると、モデルになる。こういうふうにできるんだと思った。【卒業生】
- 最初はマレーシア人の先生が練習相手。それで、自信をつけて日本人の先生に話す。自信を持てば、日本人の先生と話せる。【卒業生】

このような教室文化に気づくためには、現地教師と学習者が接しているときの態度、方法、交わしている内容などを観察するとよいでしょう。例えば、こんなことがありました。大きな試験が終わった後に、あるマレーシア人教師が「ナシ・レマ」という食べ物をクラスの学生、そして、教師全員にふるまってくれました。驚いていたら、その教師は「学生は頑張ったからね」と優しくつぶやきました。

> ➡ **学習者理解のために現地の教室文化を知る**
>
> 　教師と学習者との関係など、現地の教室文化への気づきは学習者理解につながります。このような教室文化に気づくためには、現場をよく観察するとよいでしょう。

6. 現地の環境とのチームワーク

　滞在する国とのチームワークですが、やはりその国を好きになったほうが断然その力が発揮できます。私はマレーシアから帰国した後、マレーシアでの経験について修士論文をまとめ、その後再度マレーシアに赴任しました。最初の赴任から2度目の帰国まで約8年間マレーシアと関わり続けたのは、やはりマレーシアが好きだったからだと思います。

　そして、その国を好きになるのは、その国の人を好きになるからではないでしょうか。その国の人とは、職場の同僚、学習者はもちろんですが、職場以外の現地の友人も含みます。現地の友人ができると、海外生活はさらに豊かなものになります。「ここで受け入れられている」という気持ちになり、それは自分への肯定感にもつながります。

　また、現地に職場以外の「居場所」があったほうがよいでしょう。仕事で疲れたときには、仕事を離れるのも一つの方法ですが、その「居場所」の一つとして現地の友人と過ごすのもよい気分転換になります。私は山登りという共通の趣味を通して知り合った現地の友人たちと、休みの日によく山に登りました。山登りを楽しめただけでなく、マレーシアの人たちと打ち解けることもでき、よい思い出となっています。

　このように、現地のことを知ったり、現地の人と交流したりする上で、現地の言葉、あるいは相手に通じる言語が話せたほうがいいと思います。たとえ完璧に話せなくても何とか現地の言葉を使おうとすることは、相手と打ち解けるための一つの手段にもなります。ただ、言葉の習得は、かなり時間がかかるものです。赴任が決まってからも忙しく、語学学習の時間が取れないかもしれません。そのようなときには、優先順位をつけて大切なことから準備していけばよいと思います。もし日本で時間がないとしても、現地でも習得できますし、現地では周りの環境全てが運用の機会となります。

> ✧ときめき☆POINT✧
>
> ➡ **その国やその国の人を好きになる**
>
> 　その国やその国の人を好きになったほうが、チームワークが発揮できます。現地の友人ができるとさらに海外生活は豊かになります。そのためも、現地の言葉、相手に通じる言語が話せたほうがよいです。

7. 自分自身とのチームワーク

　最後に、自分自身についてです。初めての海外赴任では、大なり小なりカルチャーショック、つまり自分の価値観を揺さぶられる経験をすることになります。それは、「ヘー、そうなんだ。面白い」と楽しめれば海外生活の醍醐味となりますが、場合によってはストレスになることもあります。また、環境、例えば職場、気候、食事、生活のリズムが変わることで気づかないうちに疲労がたまることはよくあることです。ですから、心身両面において自分の弱点をよく知っておくほうが、あらかじめ対処しやすいと思います。私は疲れがたまっていることに全く気づかず、突然思いもよらない体調不良に陥ったことが何度もあります。体調を万全に整えてこそ、自分とのチームワークが発揮できるのです。

　また、赴任したばかりのときには、新しい職場で自分に何ができるか考えることが多いです。そのような場合にも、自分の能力を知っておくと、新しい職場で求められる能力や役割の中で、簡単にできそうなもの、苦手なものがわかり、苦手なものについては対策を考えることができます。その対策として、論文、参考書、報告書などで学んだり、直接同僚教師にアドバイスをもらったりすることなどが考えられます。

　海外で教えるため、日本社会や文化についての情報提供が期待されます。自分が得意なこと、できることでよいので、それらを紹介する準備をしておいたらよいでしょう。私は特に教えられるものがなかったので、宿題などの提出物に押すキャラクターのスタンプや、桜の形のシールなどを日本で買って持っていきました。それらは珍しかったようで、学習者に喜んでもらえました。

　また、教室の外でも、現地の人に日本についての疑問や質問に対する説明を求められる機会が多いです。それによって海外の人の発想や価値観を知ることは、自分自身の価値観について再考するきっかけにもなります。

> ➡自分自身を知る
>
> 　自分の心身両面の弱点や、仕事上の得手不得手を知っておくほうが、あらかじめ対処しやすいでしょう。日本についての情報提供の機会は、自分自身の価値観を再考するきっかけにもなります。

8. おわりに

　以上のようなチームワークが発揮できたら、海外で教える困難を乗り越えられるのではないかと思います。もちろん全てのチームメンバーとうまくやれるにこしたことはありませんが、努力しても個々のメンバーとどうしてもうまくいかない場合には、全体としてのチームワークの向上を目指せばよいのではないでしょうか。海外では環境が変わりますので、その分、達成目標を普段より低く見積もるぐらいがちょうどよいと言われています。

　海外で教えることで得られることはいろいろです。日本以外の世界や価値観に触れ、それまで常識だと思っていたさまざまなオキテを破り、視野を広げる機会にもなりますし、自分が外国人として海外で生活した経験が、学習者が日本という外国で学習することに対する理解を深めることにもつながります。また、日本にいたら出会うことのなかった人々とのすばらしい出会いは、人生をより豊かなものにしてくれます。

　海外で教える困難をチームワークで乗り越え、皆さんにとって現地で教えることがかけがえのない心ときめく経験となることを祈っています。

参考文献

阿部洋子・横山紀子（1991）「海外日本語教師長期研修の課題 —外国人日本語教師の利点を生かした教授法を求めて—」『日本語国際センター紀要』1, pp.53-74.

石井恵理子（1996）「非母語話者教師の役割」『日本語学』15(2), pp.87-94.

高木裕子・佐藤綾・古内綾子（2007）「「日本国内」「海外」との比較に見るマレーシアにおける日本語教師が必要とする実践能力」『実践女子大学人間社会学部紀要』3, pp.43-67.

戸田淑子・小林学・村田由美恵・森道代（2009）「非母語話者日本語教師のキャリア形成過程と課題 —マレーシア予備教育機関AAJを例に—」『国際交流基金 日本語教育紀要』5,

pp.49-65.
森道代・戸田淑子・田村由美恵（2005）「誤用分析を取り入れた「文法打ち合わせ」の試み―日本人教師とマレーシア人教師の特性を生かし学び合う教師研修―」『国際交流基金日本語教育紀要』1，pp.147-160.

参考 URL
国際開発高等教育機構（FASID）「マレーシア東方政策プログラムに関する調査（平成19年3月）」http://www.fasid.or.jp/_files/publication/malaysia_report.pdf
（2016年1月11日参照）
国際交流基金「日本語教育　国・地域別情報　マレーシア（2014年度）」http://www.jpf.go.jp/j/project/japanese/survey/area/country/2014/malaysia.html（2015年9月20日参照）
在マレーシア日本国大使館「東方政策」
http://www.my.emb-japan.go.jp/Japanese/JIS/LEP/top.html　（2015年9月14日参照）

第2部 表現論

第 2 部
第 3 章

教師は仕掛け人である
工夫次第で学習者のモチベーションがぐんと上がる

志村ゆかり

> **質問**
>
> 　導入、練習、活動…とその日の授業を組み立てていくとき、「学習者が積極的にやりがいを持って、楽しんで授業に参加してくれるといいな」という思いが私には常にあります。しかし、授業は水物で、なかなか思う通りに学習者のモチベーションを上げることはできません。学習者のモチベーションを上げるコツはないでしょうか。

> **回答**
>
> 　学習者のモチベーションを上げることは、たしかに難しい問題です。なぜなら、日本語学習の目的、興味関心、得意不得意といった、モチベーションに関わる諸条件が学習者によって違うからです。さらにはその日の気分までもが影響します。
> 　ですが、そうした問題を解決するオキテ破りの方法があります。それは、特に定着を図るための活動において、「仕掛けを作る」という方法です。「仕掛けを作る」という方法は、教師が授業を先導するのではなく、仕掛け人という背後に隠れた存在になるという点でオキテ破りとなります。この方法は、学習者を動かすことによって、学習者の授業参加へのモチベーションを上げることを目的とするもので、とても効果的な教室活動です。

1. 教室活動の概要

　「仕掛けを作って学習者を動かす」をもう少しイメージしやすく言い換えると「教師の存在および達成目標である学習項目を意識させない」ということになります。つまり今日の勉強は○○だという学習項目を忘れて、先生の存在を忘れて、純粋にその活動に没頭してもらうということです。

　この観点は私の多くの失敗談から生まれたものです。例えば、次に挙げるのは私の経験ですが、似たような経験をした人はいないでしょうか。

- 「─ている(進行)」の活動で、絵を使ったインフォメーションギャップを用意していったが、イマイチ盛り上がりに欠けた。
- 「─に(目的)」の活動で、「場所当てクイズ」をやったが、それほど盛り上がらず、これなら短文作りでよかったと反省した。
- 「─みたい(様態)」の導入で、人型大根の写真を見せたところ、「それは大根です！」の一点張りの回答で、導入に手こずった。
- 上級クラスの口頭発表で、いつも自分の発表には熱心なのにクラスメートの発表には申し訳程度の興味しか示さない学習者を眺め、クラス運営が下手なのかと自己嫌悪に陥った。

こうした悩みを挙げていけば尽きませんが、悪戦苦闘の数々のなかには、それでもキラッと光る、学習者が進んで授業に参加してくれた活動もありました。そうした活動を眺め、検討した結果、見えてきたのが「仕掛けを作って学習者を動かす」です。

この観点は学習の動機づけとなる諸要因に裏付けされます。裏付けの詳細は各活動の紹介で触れますが、なにはともあれ学習者を動かすということは、日本語学習のためのわざとらしい不自然なやりとりを解消し、必要に迫られて思わず日本語でコミュニケーションをとってしまうという、まさに自然なコミュニケーション場面に限りなく近づける便利な方法です。

では、実際にどのように「学習者を動かす仕掛け」を活動に仕込むのかをご紹介していきます。ポイントは、大きく分けて3つになります。

学習者が進んで活動に参加したくなる「学習者を動かす仕掛け」のポイント
□ゲームを使った活動
　　〈仕掛け〉競争意識を刺激することで、定着を図る
　　(1) すごろくゲーム
　　(2) カードめくりゲーム
　　(3) グループ対抗ゲーム

□場面のセッティングをした活動
　　〈仕掛け〉場面設定をし、自由度を高めることで本物の対話にする
　　(1) お見合いでの出会い
　　(2) 飛行機の中の出会い

□ 協働を追求した活動

〈仕掛け〉学習者を巻き込むことで、日本語で「考える」環境を作る

(1) パネルディスカッションに挑戦

(2) 読解授業の先生に挑戦

(3) 採用人事担当者に挑戦

2. ゲームを使った活動

(1) すごろくゲーム

《目 的》	文型、語、仮名の定着やクラスの懇親など
《レベル》	初級～上級
《時 間》	30～40分程度
《人 数》	3人以上(グループに分ければ人数の上限はない)

《手順と効果》

① 番号で進行するすごろくシートとタスクシートを各1枚(p.53, p.54のものを拡大コピー)、サイコロ1つ、学習者の人数分のコマを用意する。コマは各々見分けがつくようシールを貼っておくといい。

② 学習者に指示文を作ってもらい、それをタスクシートに書き込んでもらう。例えばゴールまで24マスあれば、「24÷学習者の人数」がひとりの学習者の指示文作成数になる。指示文作成は下記[指示文の例]にあるような、さまざまな目的で課すことができる。

③ 指示文のタスクシートが完成したら、実際にすごろくゲームを行う。サイコロで当たったマスの指示文にその学習者が回答し、間違った場合には振り出しにもどる。

④ 誰かがゴールした時点でゲーム終了とする。

[指示文の例]

● 「―なさい」を使って指示文を作る。

1 「きのう」で始まる文を作りなさい。

2 「はずかしい」を漢字で書きなさい。　等

● テスト前の復習としてテスト範囲の課の文法・語彙を問う。

1 「―なければならない」でとなりの人に質問してください。

2 「to wash」は日本語で何ですか。　等

第3章　教師は仕掛け人である

●平仮名・カタカナ・挨拶の復習として指示文を作る。日本語力がまだ低ければ英語などで指示文を書かせてもいい。
　1　「fish」は日本語で何ですか。ひらがなで書いてください。
　2　What do you say when you start eating?　等

●学期はじめにお互いを知る意味で聞きたいことを何でも指示文にする。
　1　初めてのデートはいつですか。
　2　あなたの国の歌を歌ってください。　等

　このゲームは初級〜上級、様々な学習者から好反応でした。ゲームとして活動自体を楽しんだり、クラスメートの誰かに当たるであろう指示文作りを楽しんだりしていました。そして、ここでの「仕掛け」はこの指示文作りです。相手との競争という意味で、クラスメートの作った指示文に自分が答えられないことに悔しさを覚える学習者が多く、なんとしてでも答えてみせるという意気込みが感じられ、間違えた場合にそれが記憶に残るいい失敗体験になるからです。

《タスクシート》

1	13
2	14
3	15
4	16
5	17
6	18
7	19
8	20
9	21
10	22
11	23
12	24

《すごろくシート》

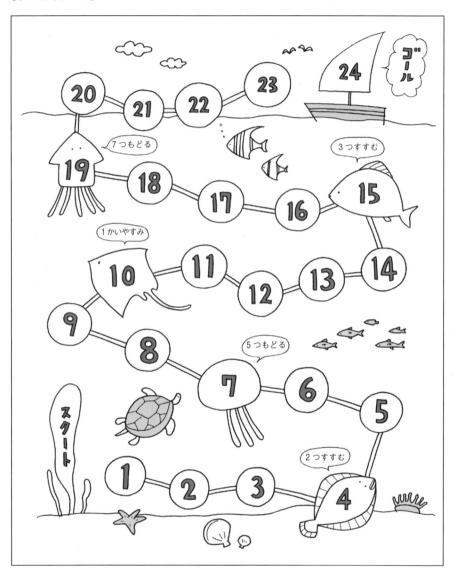

※ 人数が多い場合には、タスクシートを2枚用意し、1枚を、例えば学習者ひとり3問担当なら3問ごと（1～3、4～6…）に切って渡し、そこに指示文を書いてもらい、それを回収してもう1枚のタスクシートに貼り付けてゲームを行う、という手順にすると時間の節約になります。

(2) カードめくりゲーム

《目　的》　動詞、形容詞、名詞の活用形の導入後に定着を図る

《レベル》　初級

《時　間》　15〜20分程度

《人　数》　2〜8人程度

《手順と効果》

―動詞の"て形"の場合―

①動詞の辞書形を小さい紙に書き、それをカードとする。

②そのカードを机の中央に伏せて置く。

③学習者はじゃんけんなどで順番を決め、カードをめくる。

④めくったカードに書かれている動詞を"て形"にする。正しく活用できたカードは自分のものになるが、間違えた場合にはほかの学習者が答える権利を得、正答した学習者にカードがいく。

⑤めくるカードが無くなった時点で終了となる。一番多くカードが手元にある学習者の勝ち。

　学習者は机をつけて、その周りに集まって座ります。ここでの「仕掛け」はそうした場の雰囲気作りにあります。みんなが机の周りに集まって座ることで教室という空間の持つ雰囲気を和らげられ、学習者はゲームとして動詞の活用練習を楽しんでいました。また自分の番のときだけでなく、ほかの学習者のひいたカードについても集中して活用を考えていました。このように、カードめくりは活用練習というストレスの溜まる活動をアットホームな雰囲気で行えます。ただ、あまりに活用ができない学習者が1、2名いるという場合にはその学習者の苦手意識を増幅する懸念もありますので、このゲームは避けたほうがいいかもしれません。

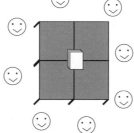

(3) グループ対抗ゲーム

《目　的》	導入した仮名表記、発音の定着
《レベル》	初級
《時　間》	20〜30分程度
《人　数》	8人以上（グループを複数作るので、人数の上限はない）

《手順と効果》

① 学習者をいくつかのグループに分ける。（最低１グループに４人。１グループ５、６人程度で３グループできると最適。）
② 黒板の前にグループごとに縦に並ぶ。
③ 列の一番前の学習者はチョークを持って黒板の前にスタンバイする。
④ スタンバイしたら、その学習者には見えないように、教師は学習した言葉（例えば、家や花など）のイラストや写真をほかのグループメンバーに見せ、それを日本語で言わせる。初めは列の２番目の学習者に言わせ、ほかのメンバーは解答が間違っていたり、発音が悪いときに助ける。
⑤ 黒板の前でスタンバイしていた学習者は、即座にそれをひらがなやカタカナで黒板に書く。
⑥ 一番早く正確に書けたグループに１ポイントをつける。
⑦ その後、一番目の学習者は自分のグループの一番後ろに行き、二番目の学習者が黒板の前にスタンバイをする。
⑧ 順次役割を交代していく。
⑨ 適当なところで教師がストップをかけて終了。一番ポイントがついたグループが勝ち。

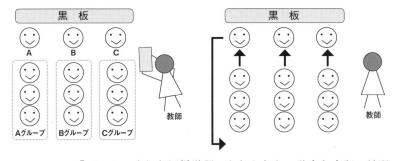

　このゲームは「カードめくり」同様単調になりがちな、発音と表記の練習に加えます。発音と表記が苦手な学習者も、グループのメンバーが知恵を駆使して、時にはお互いの発音チェックをしながら、正しい表記に導こうとしてくれるので、楽しみながら発音と表記の定着を図れます。

第3章　教師は仕掛け人である

―✧ときめき☆POINT✧―

➡競争意識を刺激する

　ゲームがなぜ授業に有効なのか。それは、「目的（例えばゴールを目指す）を持って、ゲームの参加者と競いながら、楽しく頭を使う」というその性質を言語学習に生かせるからです。普段の生活の中で、ゲームをしているときの私たちがいかにそのゲームに集中するかを想像してみてください。たとえ、その集中力が相手に勝ちたいという動機からであろうと、そのために日本語を使い、日本語で何かを達成しなければならないという体験は、日本語の習得を促す効果があるでしょう。

イマイチ授業とその対策

　ゲーム性を持った活動で、イマイチな手応えだったものに、「―に（目的）」の場所当てクイズや「―なさい」を使った小テスト作成があります。

　「―に（目的）」の場所当てクイズは、例えば「コンビニ」と書いてあるカードをひいた学習者は、「ここにジュースやおにぎりを買いに行きます。」といったヒントの文を作って、ほかの学習者がその場所を推理するという活動です。一方、「―なさい」を使った小テスト作成は、テスト問題の指示文に「―なさい」を使い、何か1問テスト問題を作って、それをほかの学習者が解くという活動です。

　このような活動がイマイチとなった要因はどこにあるのでしょうか。まず「―なさい」を考えてみます。「―なさい」は、(2)①のすごろくゲームでは、みんな進んで活動に参加していました。一方、小テスト作成では「―なさい」の指示文よりテスト問題を作ることに意識が集中してしまい、さらには作成した学習者に採点されるというプレッシャーがかかってしまったようでした。つまり「評価される」というストレスを与えてしまったわけです。森本(2009)では、評価が教室内の暗黙のルール成立に影響していると述べられていますが、この活動でも評価的要素が学習者の自由度、楽しみを阻害してしまったのではないかと思われます。ちなみに、暗黙のルールとは、学習者が教師の狙いや期待を理解し、それに沿った適切な振る舞いをすることを言います(森本 2009)。

　次に「―に（目的）」の場所当てクイズですが、この活動では参加する学習者の機

転が楽しさに影響します。例えば「ここへ本を借りに行きます。」と言われて答えが浮かばない人がいるでしょうか。聞いた瞬間に「図書館」と即答できてしまいます。ただし、「私はここへ友だちに会いに行きます。」「私はここへ寝に行きます。」「私はここへ音楽を聞きに行きます。」とはぐらかしながら「私はここへ本を読みに行きません。本が嫌いですから。」などと絞っていくようにヒントの文を作ってくれる学習者がいると文型の練習もたくさん出来、ゲーム性も出てきます。実際そうした学習者がいました。そのほかには、場所を自分で指定したいと申し出た学習者もいました。ここから見えてくるのは、やはり自由度の高さが動機づけに関わるということではないでしょうか。先に述べたように、その自由度を学習者の機転に期待しなければならない、思考に刺激を与えるのが難しい単純な活動は、クラスの様子やクラスを構成する学習者の性格を見て取り入れるのがいいでしょう。

　そして、この２つの活動に共通するのが、競争意識をうまく誘発できないということです。自由度が低かったり、単純だったり、評価への不安を伴ったりすることは、相手より優位に立って得意な気分にはなれません。学習者を見ていると、この軽い優越感が快感となって、参加したいという気持ちを強くさせているようです。

(☞第４章 参照)

3. 場面をセッティングした活動
(1) お見合いでの出会い

《目　的》	初級前半の日本語力で本物の対話を試みる
《レベル》	初級
《時　間》	１ペア10分程度
《人　数》	３人以上（最少人数は男女比が１：２の場合を想定。上限は制限なし（グループお見合いにする））

《手順と効果》

　初級教科書の初めの課で扱われる話題は、たいてい自己紹介です。名前、出身、年齢、大学なら専攻、社会人なら職業といった項目が導入されます。また、動詞や動詞のます形を使った勧誘表現の「―ませんか」も早い時期に導入されます。そこで、こうした項目を学習したのちに、これらを利用して、「お見合い」の場面を設定します。お見合いするのは学習者同士です。人数が多い場合には集団

お見合いの形で進めることもできます。このときの「仕掛け」は席のセッティングです。1対1のお見合いの場合には、みんなの前に向かい合わせで席をセッティングします。グループお見合いの場合には、男女別に列になって、席を向かい合わせにします。そしてひとりとお見合いをしたら、男性が席を移動して次の相手と話をするという本番さながらの雰囲気作りをします。一通りお見合いをしたあと、どの人と恋人になりたいか、どうしてかなどのやり取りをすると楽しく活動できます。使える日本語がまだ少ないなか、それを駆使して会話をつなごうとする姿勢も見えるので、初級最初の文型、語彙が少ない場合の活動に有効です。動機づけの要因としては、自由度、自己関連性、具体性、本物の対話といったところが該当すると思いますが、「お見合い」という少しドキドキ感のある設定を本番さながらの雰囲気で楽しむ心理が、進んで活動に参加する姿勢に影響しているようです。

(2) 飛行機の中の出会い

《目　的》	初級前半の日本語力で本物の対話を試みる
《レベル》	初級
《時　間》	1巡10分程度
《人　数》	3〜12人程度

《手順と効果》

　(1) お見合いでの出会いに引き続いて、もうひとつ、初級前半の日本語力で会話を広げていく活動を紹介します。ここでは、まず「時間」「動詞」「い形容詞、な形容詞」などが導入されたころの、やはり文型や語彙がまだそう多くないレベルを想定したダイアログを紹介します。初級教科書で以下に類似したダイアログを目にすることは多いでしょう。

［飛行機の予約］
ジョン：すみません、東京からバンコクまで飛行機の予約をお願いします。
旅行会社の人：はい、いつですか。
ジョン：7月25日です。
旅行会社の人：10時の便と16時の便がありますが…。
　ジョン：じゃ、10時の便でお願いします。あの、バンコクまでどのくらいかかりますか。

旅行会社の人：6時間ぐらいです。旅行ですか。
ジョン：はい。私の国からタイまで遠いですけど、ここは日本ですから、便利です。
旅行会社の人：そうですか。楽しい旅行を。

　このダイアログをアレンジするとしたら、行き先や時間などを学習者が自由に変えて、その後会話を発展させるかどうかは学習者次第というパターンが多いでしょう。例えば機転のきく学習者の場合、この会話のあと「1時間半…長いですね…もっと速い飛行機はないですか」など、多少交渉を持ちかけて場を盛り上げてくれたりします。しかし、こうした方法は、学習者の機転によってクラスの盛り上がりが左右されます。そこで、もう少し会話を楽しみ、クラスメートがお互いに興味を持って話せるように、旅行会社で予約した飛行機で、隣り合わせた人と旅行先について会話するという場面設定を加えます。このときの「仕掛け」は学生の故郷を旅行先に使うことと場面のセッティングです。手順は次の通りです。

①学習者に予めABCD…と順番を割り振っておく。
②教室にスペースを作って、旅行会社内の席と飛行機の中の席を少し離れたところにセッティングする。場面が変わることを視覚化するために小道具も用意する。旅行会社の場面には、旅行会社の立て札、パンフレットを置くなどし、飛行機の場面には、椅子に白い布（ハンカチ等でもOK）をかけるなどする。
③A：旅行会社の人、B：旅行する人、C：飛行機の中で出会う人としてスタンバイしてもらう。ここでBの人はCの人の故郷に旅行すると行き先を予め指定する。そして飛行機の中で偶然旅行先の出身の人と隣り合わせ、いろいろ現地のこと（食べ物、観光、穴場など）について聞き、情報をもらうように指示する。
④この流れで一通り会話してもらう。
⑤次はB：旅行会社の人、C：旅行する人、D：飛行機の中で出会う人になって会話してもらう。
⑥順次役割を交替していく。

第3章 教師は仕掛け人である

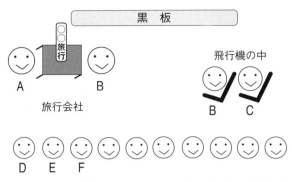

※1巡終了ごとに、見ている学習者にBとCの会話の内容を確認すると、クラス全体の参加度がより図れます。

　このようにダイアログを発展すると、自分の故郷なので熱心にいいところを話しますし、聞き手もクラスメートの故郷なので興味を持っていろいろ質問します。また、締めくくりはこちらから何も言わなくても、自然に現地でガイド役になってほしいと希望したり、自分の家に招待したりと雰囲気よく終わっています。この活動では特に、学習者相互の自己関連性から本物の対話が生まれたことが功を奏したのではないかと思います。なお、クラスの人数が多い場合にはひとり一役のみとしたほうが間延びせずいいでしょう。

> **➡場面設定をし、自由度を高める**
>
> 　学習の動機付けのために、「生きた日本語を使う」ことが重要です。それを教室内で実現するには、できるだけ教室内に"リアリティ"を持ち込むことが大切です。具体的に言えば、場面設定を現実生活に即したものにし、会話に自由度を持たせます。与えられた場面会話があると、私たち教師は往々にしてそれに準拠した場面を想定しますが、発想の幅を広げて、私たちの体験や実生活での場面として想像してみるとイメージが広がり、場面のセッティングがうまくいきます。そのためには「ここに提示された会話は、実際の生活場面でどんなときに行われるか」を想像するとともに、「実際の会話はそれだけが独立して立ち現れるのではなく、常に前後の場面との流れの中にある」ということを念頭に置くことがポイントになります。

> **イマイチ授業とその対策**

　初級教科書や会話教材では、よく医者や看護師との会話も扱われます。私はこの会話を扱う際には、病気の症状の参照プリントや実際の薬、またおもちゃの聴診器など小道具を用意して教室に入ります。しかし、こうした小道具が功を奏するときとそうでないときがあります。また功を奏した場合でも、先に挙げた事例ほど学習者の反応はよくないように思います。理由として考えられることは、定型表現が多く、医者を相手に雑談をしたりごねたりするのも不自然といった自由度の低さです。症状など表現が難しいことが原因とも思えますが、上級の短期留学生の授業で扱っても、反応は初級と同程度なので、あまり語彙の難しさは関係しないようです。このような性質のトピックの場合は、症状に関する表現やオノマトペ、病院での語彙を、学習者の経験から話題として広げるのがいいでしょう。例えば思いつくままを書いてもらって、その経験を聞きながらグルーピングしていくなどの方法（いわゆるKJ法）があります。この方法だと学習者の自由度、自己関連性などが上がります。（☞第7章 参照）

4．協働を追求した活動

(1) パネルディスカッションに挑戦

《目　的》	口頭発表および質疑応答に必要な日本語能力を伸ばす
《レベル》	中上級～上級
《時　間》	90分×2回程度（1グループ5、6人で2グループの場合）
《人　数》	6人（3人×2グループ）以上。1グループ5、6人が適当。

《手順と効果》

　自分の発表以外興味がないといったタイプの学習者にどうすれば積極的に授業に参加してもらえるのか。その一案として、パネルディスカッション形式のテーマ別グループ発表をお薦めします。手順は次の通りです。

①教師が学習者をいくつかのグループに分ける。
②グループごとにみんなで共通テーマを考える。（例：環境）
③その共通テーマを踏まえて、グループ内の各人が自分のテーマを考える。
　（例：Aさんは大気汚染、Bさんはゴミ問題、Cさんは騒音等）
④自分のテーマで発表準備をする。発表時間は1人8分程度が目安。

⑤全員が準備できたところで、グループ発表に備え、発表順と各メンバーの発表内容を相互にチェックする。また、このときグループリーダーを決め、発表の際はそのリーダーが司会進行を務める。
⑥各自自分の発表内容の修正をする。
⑦グループ全員で発表の流れの総チェックをする。
⑧各グループの発表をする。進行役のグループリーダーは各発表ごとに聴衆との質疑応答を促し、全員の発表後にはグループ発表全体に関するコメントをもらう。なお、教室の席の配置もパネルディスカッション形式に配置する。

実際の活動では、「観光ビザ有効期限内で巡る日本縦断の旅」というテーマで、各自が自分の旅行経験から独自の視点で観光スポットを紹介したり、「最近の大きな災害と事故」という共通テーマから「人の命の大切さ」について問いかける締めくくりを考えたりと、様々なものが発表されました。そして学習者は自分のグループの発表には、自分のこととして臨んでいるように見受けられました。また、自分たちのグループ発表以外の発表についても、かなり関心を示していました。複数のクラスメートが発表者として臨む雰囲気のなかで、そうした影響が生まれるのかもしれません。そして、この活動の「仕掛け」は"巻き込む"です。いかに自分以外の学習者の発表に関わらせるか、その度合いを高めることをねらった活動です。

(2) 読解授業の先生に挑戦

《目　的》　文章を主体的に読む

《レベル》　上級

《時　間》　準備：90 分、読解及び話し合い：45 分 × ペア数

《人　数》　4 人（2 ペア）以上

《手順と効果》

　大学で講読を目的とした活動を考えるとき、「読む」ことに、より積極的に参加してもらうにはどうすればいいでしょうか。対策として各自が読みたいものを読むという視点から活動を考えるという方法もありますが、ここでは同じ読み物をみんなで共有する場合を紹介します。ここでの「仕掛け」も"巻き込む"です。何に"巻き込む"のかというと、本選びです。手順は次の通りです。

①学習者を二人一組のペアにし、図書館からみんなで読む本、または章を選んで、その解説と議論のテーマを準備してもらう。
②各ペアが先生の役割を務め、ほかの学習者に本文を読んでもらう。
③漢字の読み方や語句の意味、内容について質疑応答をする。
④読んだ内容から問題提起して、みんなでそれについて話し合う。
⑤先生役のペアが読んだ内容や著者の主張、みんなの議論を総括する。
⑥次のペアに移る。

※ 教師は①（と③）の段階で、先生役のペアが漢字の読み方や内容把握などを間違えていた場合、適宜修正します。

　この先生役は実はかなり大変です。まず本を選ぶ際は、興味のある面白そうなテーマだけで探せません。面白いと同時に、みんなの日本語力に合った難易度の本を選ばなければなりません。また漢字の読み方や語句の意味もしっかり準備する必要があります。さらに先生役が内容把握を間違えるわけにはいきません。これだけの苦労をして、選んだ読み物を読んでいくわけですから、教師が選んだ本の抜粋や市販の教材の読み物より、学習者はみな集中して読むことに参加するようになります。なお、私の場合、活動は大学の図書館のグループ学習室を使って、環境を「図書館」という場にして行っています。ちなみに、この活動は「教師の存在を意識させない」という要素をできるだけ前面に出すほうが学習者がのびのびと活動できます。ですので、教師は①でしっかり確認をし、③では極力学習者のやりとりに任せるようにします。

第3章 教師は仕掛け人である

(3) 採用人事担当者に挑戦

《目　的》　敬語の総復習、就職の面談練習、企業内会議の模擬練習

《レベル》　中級～上級

《時　間》　90分程度

《人　数》　6人以上（12～16人が最適）

《手順と効果》

　この活動は大学の90分授業一コマで行うことができます。そこで授業案を詳しく紹介します。

時間	手順	留意点
5分	1. 教師が活動の説明をする。また、面接のマナーも紹介しておく。グループをA・B2つに分ける。	・面接のマナー例：おじぎの角度、入室の仕方、座り方等
10分	2. 学習者全員で企業と部署を決める。	・できるだけ具体的に。企業名を挙げたほうがイメージしやすい。 ・教師は進行役を務める。
15分	3. 各グループに分かれて、新入社員の採用条件を決める。	・このとき、面接官として各自が採用条件（およびその理由）をメモしておく。
20分	4. Aグループが面接官、Bグループが面接に来た学生になって、グループ面接をする。	
5分	5. 終わったらAグループはどの人を採用するか、理由とともに相談する。	・Bグループは教室の後ろで雑談、または面接官としての対策を練る。
20分	6. Bグループが面接官、Aグループが面接に来た学生になって、グループ面接をする。	
5分	7. 終わったらBグループはどの人を採用するか、理由とともに相談する。	・Aグループは教室の後ろで雑談、またはBグループとの違いについて考えてみる。
10分	8. 各グループ、採用者とその理由を発表する。また、考えた採用条件の違いを比べてみる。	・教師が主導する。

この活動の始めと終わりには教師が登場しますが、グループで採用条件を決めるときとグループ面接をしているときには教師は関与しません。学習項目に関しては、授業の初めに「今日はグループ面接をしてみましょう。」と宣言するほかは何も意識させません。

　この活動の効果のひとつに、学習者が自分自身の、そしてクラスメートの日本語力を自然な流れで意識することが挙げられます。理由は、実際の就職面接で日本語力が問われるからです。各グループに、採用したい人とその理由を聞いたとき、日本語力の高さや敬語の使い方のうまさを理由のひとつに挙げることがよくあることからもわかります。また、面接中にも各自が敬語の使い方や日本語の正確さ、配慮といったことを意識し、表現を選んでいる様子がうかがえました。

　ここでの「仕掛け」は、"学習者が自分たちでオーガナイズする"です。将来、実際に体験するであろう就職面談をトピックにして、その面談をみんなで準備、計画し実行することにより、自ずと主体性が高まります。また教室の配置も面接室の配置に近いものにし、より臨場感を出す工夫をします。

学習者の採用条件や面接での質問のユニークな例

〇お菓子メーカーの宣伝部の新入社員募集で
　　採用条件：表現力
　　質問：これは新商品のエビバーガーです。試食して魅力を一言でアピールしてください。

〇あるメーカーの企業開発部の新入社員募集で
　　採用条件：発想の豊かさ
　　質問：マンホールのフタはなぜ丸いのか考えてみてください。

〇あるメーカーの総務部の新入社員募集で
　　採用条件：気配り・器用さ
　　質問：コーヒーを上手に入れられますか。どう入れるか説明してください。
　　　　　マッサージは上手ですか。私にマッサージしてみてください。
　　　　　コピーは得意ですか。

学習者から冗談のような条件や質問項目も出てくることがありますが、グループで決めたその条件や質問に対して、「もっとまじめに」など教師が注文をつけることはしません。どのような基準や観点であっても、学習者同士で決めたことを尊重します。そのように野放図に見える状態においても、学習者同士で、なぜそんな質問をしたかなど自然に確かめあっています。あくまで教師は、その存在を学習者に意識させないように心がけます。

✧ときめき☆POINT✧

➡学習者を巻き込む

「協働、協同」を授業活動にできるだけ組み込み、そして学習者をその活動にできるだけ巻き込みましょう。それはこの章の冒頭でも述べた「教師の存在および達成目標である学習項目を意識させない」に直接的につながる観点でもあります。とにかく教師の存在を忘れ、今日の学習項目を忘れ、その活動に没頭してもらう。それは学習者を自由にし、本物の対話を実現する一番の方法だと思います。つまり「教師だからうまく授業を先導しなければ」という意識ではなく、「教師は仕掛け人である」という意識で活動を考えるのです。この発想の下に、学習者を活動の主体に置くことで、言語コミュニケーション手段としての日本語を自ら駆使する動機を学習者に促すことになります。

イマイチ授業とその対策

上記(1)パネルディスカッションに挑戦、(2)読解授業の先生に挑戦の事例は、実はそれぞれ同じ目的の活動で、それまで試みてきたものをベースにしています。(1)の活動に関しては、ある記事を提示してその本文で気になったキーワードを調べて発表する、興味のある時事に関するテーマについて発表する、自由なテーマで発表する等、発表テーマに自由度を置いて活動を考えたケースをベースにしています。そうした活動では、発表内容や発表者によって、学習者の聞く態度が悪くなる場合がありました。しかし、(1)のようなグループ発表形態にしたところ、学習者の聞く姿勢に変化が見られました。特に同じグループの学習者たちはお互いに発表を積極的に聞くようになりました。

また(2)の活動に関しては、教師が提示した読み物を分担したケースをベースにしています。その活動の工夫点としては、短いトピックで構成されたビジネスの教訓書をトピックごとに担当してもらい、各教訓を生かしたタスクを考えてもらいました。しかし、この活動も(2)のような学習者に選ばせるやり方のほうが学習者の参加度は高まりました。

　いったいどこに違いがあったのか考えてみると、どちらの場合も事例に挙げた活動のほうが、学習者が傍観者または受身の姿勢でいる場面が少ないことが共通しています。具体的には、動機づけの要因であるアクティブな活動、協働と自己関連性をより追求できる活動だといえるでしょう。このように考えると、学習者に積極的に授業に参加してもらうには、学習者を「巻き込む」ことがポイントとなります。その意味では、(3)の事例は、最も効果的に学習者を巻き込むことができ、ごく自然に教師が仕掛け人という背後に隠れた存在になれる活動の好例です。

(☞第8章、第9章 参照)

5. おわりに

　本章では、学習者に積極的に授業に参加してもらうための「仕掛け」をいくつか紹介してきました。そしてその「仕掛け」が学習者の動機づけとどう関わるかについて考えてみました。「ゲームを使った活動」では、仕掛けを「競争意識を刺激する」とし、「場面のセッティングをした活動」では、仕掛けを「場面を設定し、自由度を高める」とし、「協働を追求した活動」では、仕掛けを「学習者を巻き込む」としました。そしてその全ての活動に共通する仕掛けが「教師の存在および達成目標である学習項目を意識させない」です。

　しかし、やはり冒頭でも述べたように、学習者が授業に参加したくなるかどうかは各人の事情や趣向などで違ってくるわけです。それを踏まえたうえで、私はどのような授業でも、活動を考えるときに念頭に置いていることがあります。それは「活動をしているときに、できるだけ学習者が、今日、授業で扱った学習項目を意識しないでいられる」ということです。その活動自体をできるだけ純粋に楽しめることを念頭に置きます。それがときにゲーム性であったり、身近な場面設定であったり、協働だったりするだけです。そうした試行錯誤はおそらく永遠に続いていくのだと思いますが、たまにキラっと光る活動で学習者が積極的に参加してくれるものは、この物差しに合ったときのように思います。

　ぜひみなさんも「教師は仕掛け人である」と自負し、「仕掛け」を考えてみてください。ポイントは「教師と学習項目を限りなく見えない存在にする」ことです。

教師が学習者に学習項目を明示的に伝えるというオキテを破り、学習者主体の活動に自然に巻き込むわざが身についたとき、見慣れたはずの教室が今までとまったく違う空間に見えてくるはずです。

参考文献

川口義一・横溝紳一郎（2005）『成長する教師のための日本語教育ガイドブック』上，ひつじ書房.

佐藤学（2001）『学力を問い直す —学びのカリキュラムへ—』岩波書店.

品川直美（2001）「日本語教育におけるゲームに対する教師の意識と使用実態」『日本語教育』110, pp.101-109.

田中武夫・田中知聡（2003）『「自己表現活動」を取り入れた英語授業』大修館書店.

文野峯子（1999）「学習過程における動機づけの縦断的研究 —インタビュー資料の複眼的解釈から明らかになるもの—」『人間と環境 —人間環境学研究所研究報告—』3, pp.35-45.

細川英雄（編）（2002）『ことばと文化を結ぶ日本語教育』凡人社.

三矢真由美（2000）「能動的な教室活動は学習動機を高めるか」『日本語教育』103, pp.1-10.

森本郁代（2009）「伝達から対話へ —大学での日本語教育の現場から—」水谷修（監）・小林ミナ・衣川隆生（編著）『日本語教育の過去・現在・未来』第3巻, pp.119-141, 凡人社.

守谷智美（2002）「第二言語教育における動機づけの研究動向 —第二言語としての日本語の動機づけ研究を焦点として—」『言語文化と日本語教育』増刊特集号, pp.315-329.

柳町智治（2009）「ハイブリッドのデザインとしての教室そして学習者」『日本語教育の過去・現在・未来』第3巻, pp.142-160, 凡人社.

柳瀬陽介（2010）「コラム：田尻に学ぶということ」田尻悟郎（監）・横溝紳一郎（編著）・大津由紀雄・柳瀬陽介（著）『生徒の心に火をつける —英語教師田尻悟郎の挑戦—』p.241, 教育出版.

横溝紳一郎（2010）「英語教科固有の特徴」田尻悟郎（監）・横溝紳一郎（編著）・大津由紀雄・柳瀬陽介（著）『生徒の心に火をつける —英語教師田尻悟郎の挑戦—』pp.143-151, 教育出版.

第2部
第4章 制約のなかで戦え
与えられた条件で最大の効果を上げる教師のワザ

———— 筒井千絵

> **質問**
>
> 初級を担当しているのですが、教科書の文型練習の中には、「日常生活ではほとんど使わないし、初級で教える意味があるのかな」「練習方法が単調で、学習者もつまらなそう」など、授業で扱うことに疑問を感じるものがあります。どんな文型でも、使いこなせることを目指して、しっかり練習しなければならないのでしょうか。また、どうしたら学習者が意欲的に取り組めるような文型練習ができるのでしょうか。

> **回答**
>
> 初級の文型指導は、所属する教育機関で指定された総合教科書を用いて、複数の教師がチームで担当する場合が多く、一教師の判断で「この文型は教えるのをやめよう」というわけにはいかないのが現状です。教える意味を感じなくても教えなければならない、その葛藤を、教師はどのように乗り越えていったらよいでしょうか。
>
> まず、必要性の低い文型の練習は軽くすませる、という方法があります。文型によっては特定の場面や特定の語彙との組み合わせに限定して指導する、といった練習法の強弱の見極めも重要です。また、ともすれば単調になりがちな文型練習において大切なのは、「学習者が自然に使える場面を想定し、できるかぎり意味のある練習に変える」という工夫です。決められた文型を決められた通りにやらなければならないというオキテから自由になり、学習者の自然な運用を促す方法を自由に考えましょう。本章では初級教科書の文型の問題点を考えつつ、学習者が楽しく意欲的に取り組める練習にするためのアイデアを紹介します。

1. 教室活動の概要

1.1 教科書の文法項目は「定番化」している

日本語学校や大学などの教育機関で用いられている初級の総合教科書の多くは、文法シラバス(構造シラバス)でできています。文法シラバスとは、文法項目(文型)

の観点から学習項目を分類して構成されたものです。

野田(2005)、岩田(2014)、田中(2015)は、初級教科書を調査し、教科書によって教育目標は違っても、実際に採用されている文型がほとんど同じだということを指摘しています。つまり、近年の日本語教育において、初級の文法はほぼ「定番」化しているのです。では、「定番」となるにはそれなりの根拠があるかというと、実はそうでもないようです(2012 岩田)。

一方、「あのう」「えーと」といったフィラーや、「～ね／よ」といった終助詞、「みたい」「～なきゃ」など、話し言葉において重要な表現は、教科書では「おまけ的」に取り入れられているだけで、シラバスとして体系的に整理されているわけではありません。その一つの理由は、それらが日本語能力試験の3級文法(旧基準)に含まれていないためでしょう。

こうしたことを考えると、教科書に載っている文法項目さえきちんと練習しておけばいいというわけではなく、あまり重視されていないけれどもコミュニケーション上重要な役割を持つ文法形式もあることも、私たち教師は認識しておかなければなりません。

1.2　本当は教えないほうがいい文法もある？

山内(2009)は、外国語の口頭運用能力を測定するためのインタビューテストであるOPI(oral proficiency interview)のデータを分析し、中級学習者が使用していた文法形式が限られていたことから、「初級でたくさん習っても、学習者が使うのはほんのわずかである」という結果を導き出しています。また、庵(2015)は、理解レベルと産出レベルを区別すべきだということを強調しており、「読む」のみで必要な文法項目については、産出レベルの練習は不要であると述べています。さらに、岩田(2014)は、現在、「導入→練習→タスク」という画一的な指導方法がおこなわれていることが多い点について、テキストや発話を大規模に集めて、コンピューターで検索や解析ができるようにデータベース化した言語資料であるコーパスの出現頻度調査から、「～ところだ」に出会う確率は「～ている」の約500分の1であることなどから、出現頻度を考慮に入れて指導に強弱をつけるべきだと指摘しています。

1.3　新しい文法シラバス作成の提案

上のような研究成果に基づき、近年多くの研究者たちが、日本語学習者が日本語でコミュニケーションするときに必要な文法とは何かを模索し、様々な提案をしています。

私たち日本語教師は、ともすれば教科書を絶対視し、教科書に載っている学習項目をすべてきちんと習得させることが理想だと考えがちです。つまり、文法の指導においては、「はじめに教科書の文型ありき」で、そのうえで、その文型が身に着くには、どういう練習をすればいいかを考えるわけです。けれども、そうした思い込みを改め、とりあげられている文法項目の適切さ自体を見直す時期が来ていると言っていいでしょう。

1.4　日本語教師の現実問題

　上で述べたのは理想論です。このような問題点に気づいていても、教育機関に所属している以上、日本語教師の多くは、指定されたテキストを使って、指定された文法項目を教えなければならない立場にあるのが実情です。また、初級ではあまり自然な運用につながらないとしても、知っておいたほうがいい文型・表現もある、という考え方もあるでしょう。よって、以下では、そうした制約、いわばオキテの中で私たち日本語教師がいかに最大限工夫できるかを、よく問題となる文法項目を例としてとりあげ、これまでの研究成果を参考にしながら、具体的に考えていきたいと思います。

学習者にとって意味があり、かつ楽しい文型練習にするためのポイント
　(1) トラブルにつながりかねない、取扱注意の文法に気をつける
　　　文型のなかには、学習者が不自然な文を作りがちなものがあります。特に、コミュニケーション上、相手に悪い印象を与えるおそれがあるものについては、指導の際、注意が必要です。
　　　①文型「〜た／ないほうがいいです」(2.で紹介)
　　　②文型「〜でしょう」(推量)(2.で紹介)
　　　③文型「使役」(2.で紹介)

　(2) 練習で自然な発話が引き出せる、適切な場面設定をする
　　　学習者がその文型を適切に使えるようにするには、実際にどんな場面で使われることが多いのかを押さえたうえで場面設定をする必要があります。
　　　①文型「〜てあります」(3.で紹介)
　　　②文型「受身」(3.で紹介)
　　　③文型「敬語」(3.で紹介)

第4章　制約のなかで戦え

(3) クラスが盛り上がる、楽しい文型練習の方法を工夫する

　　機械的・単調なパターン練習ばかりでは、応用力が養われないばかりか、学習者の意欲も削いでしまいます。ここでは、学習者が楽しく意欲的に取り組めるような文型練習の方法を考えます。

　　①文型「～(の)に(使います)」(4.で紹介)
　　②文型「～んです」(4.で紹介)
　　③文型「～ています(習慣)」、文型「～ておきます」(4.で紹介)

2. トラブルにつながりかねない、取扱注意の文法の扱い方

① 文型「～た／ないほうがいいです」

この文型を学んだ学習者が、以下のような不自然な文を作ることがあります。

(1) 私の国へ来たら、○○という料理を食べたほうがいいです。
(2) (教師に)祝日は、授業を休んだほうがいいと思います。

「～た／ないほうがいい」は「アドバイス／勧め」と理解している学習者が多いためですが、実際は単純な勧めは、「～たらいい／～といい」のほうが自然で、「～ほうがいい」を使うと命令・指図に近い言い方になります。『初級を教える人のための日本語文法ハンドブック』(庵他2002)では、「～ほうがいい」は単にその行為を勧める表現ではなく、「その行為をしないと悪い結果が生じるという含意を持ちやすい」と説明されています。

(3) そろそろ出かけたほうがいいよ。約束の時間に間に合わなくなるよ。

ところが、初級教科書の例文には、そうした情報が明確に反映されていない場合もあります。以下は『みんなの日本語Ⅱ』の例文と練習問題です。

(4) 学生のアルバイトについてどう思いますか。
　　…いいと思いますよ。若いときは、いろいろな経験をしたほうがいいですから。
(5) 毎日1時間ぐらい運動します
　　→(変換)毎日1時間ぐらい運動したほうがいいです。

よって、(1)(2)のような不適切な文を学習者が作らないようにするためには、場面を明確にして練習をしたほうがいいでしょう。以下に練習例を示します。

文作成練習例	留意点
例1）体調が悪い人への勧め 　A：どうしたんですか。 　B：最近、よく眠れないんです。 　A：（状況について質問する。例：寝る前にどんなことをするか、何時ごろ寝るか　など） 　B：（答える。例：午前２時ごろ寝る、パソコンや携帯を見る、など） 　A：それはよくないですね。（〜から、もっと早く寝た／寝る前に携帯を見ない）ほうがいいですよ。 　B：わかりました。気をつけます。	・例1）は、まず病気の言葉を確認しておくとよい。 ・「より悪い状況にならないように」という状況を明確にする。 ・教師が相談者になると、目上の人へのアドバイスになってしまうので、会話は学習者同士で考えてもらったほうがよい。
例2）悩んでいる人への勧め 　A：実は、ルームメートとけんかして、ずっと話をしていないんです。 　B：どうしてけんかしたんですか。 　A：（事情説明） 　B：そうですか。それはよくないですね。（自分から謝った／よく話し合った）ほうがいいですよ。 　A：そうですね。わかりました。	

② **文型「〜でしょう」（推量）**

「〜でしょう」には、「推量」と「確認」の用法があります。コーパスをみると、「明日は休みでしょう？」のような、「確認」用法のほうがずっと多く用いられているのですが、初級教科書では「推量」用法の練習にも多くが割かれています。たとえば、以下のような例文や練習問題があります。

(1) 山下先生は魚が好きでしょう。　　　　　　　（『初級日本語 げんきⅡ 第2版』）
(2) 彼女は道がわかるでしょうか。
　　…ええ、地図を持っていますから、わかるでしょう。

（『みんなの日本語 初級Ⅱ 第2版 本冊』）

フォード丹羽(2005)、庵(2009)などでも指摘されていますが、こうした場合は、「〜と思います」を使ったほうが自然です。それだけでなく、「でしょう」は専門家口調になるため、(3)(4)のように、コミュニケーション上問題になる可能性も指摘されています。

(3) 課長、送っていただいたリストを確認しました。問題ないでしょう（？？）。
(4) A：明日の試験、パスできるか、心配です。
　　B：大丈夫、合格できるでしょう（？）。

「問題ないと思います」「合格できますよ」と答えれば問題ないのですが、「～でしょう」を使うと非常に「上目線」な言い方になってしまいます。

そのため、専門家口調が不自然にならない場面として、教科書でよく導入や練習に用いられるのが天気予報の場面です。イラストや天気図を見て、以下のような文を作る練習が多く見られます。

(5) あしたは晴れるでしょう。／今夜は涼しいでしょう。

ですが、学習者が天気予報を担当する可能性は限りなく低いので、こうした運用練習を熱心に行うことに疑問を感じる人もいるでしょう。ただ、現実的とは言えなくても、「専門家になりきって」発話する場面を設定すれば、不自然な運用を避けることはできます。以下は練習場面の一例です。

場面	会話例
1. 医者と患者	患者：のどが痛くて、熱もあるんですが… 医者：(診察して)風邪でしょう。薬を出しますから、食後に1錠ずつ飲んでください。一週間ぐらいでよくなるでしょう。
2. 専門家とインタビュアー	インタビュアー：先生、日本の経済はこれからどうなると思いますか。 専門家：そうですね。しばらくは厳しい状況が続くでしょう。
3. 占い師とお客	お客：私はいつごろ結婚できますか。 占い師：そうですね。今年中に、素敵な人に会えるでしょう。そして、来年は幸せな結婚ができるでしょう。

③文型「使役」

以下は、庵(2012)でとりあげられている、主な初級教科書の「使役」の例文の一部です。

(1) 先輩は後輩にトイレの掃除をさせます。（『日本語初級2 大地―メインテキスト』）
(2) お母さんは子どもに野菜を食べさせました。　　　（『新文化初級日本語Ⅱ』）

これらに共通しているのは、使役主が上、動作主が下という明らかな上下関係の存在です。たとえば、『みんなの日本語 初級Ⅱ第二版 本冊』では、「わたし」を主語にした例文や練習問題は、「わたしはこども(／むすこ)に~(さ)せます」などに限定しています。しかし、これらは子どものいない学習者にとっては必要性が低いので、使役を学んだ学習者が、「わたし」を主語にして文を作ろうとすると、どうしても以下のような文が出てきてしまいます。

(3) わたしは先生に、読めない漢字を読ませました。(？？)
(4) わたしは友だち／彼女に手紙を出しに行かせた。(？？)

　(3)(4)のような場合は、「~てもらう」を使って説明すればすみます。それでも、教えなければならないとしたら、以下のように、「あなたが親・教師になったら」という仮定の場面で考えてもらえば、不自然な文は出にくいでしょう。

	練習の手順	留意点
1	自分が子どものころ、親や先生に「~しなさい」と言われて嫌だったこと、またはしたかったのに禁止されていたことなどを話し合ってもらう。	・学習者がイメージしにくいようなら、教師がいくつか例を挙げてから考えてもらうとよい。
2	次のどちらかのテーマを選んで、話し合い、発表してもらう。 　A　あなたが親になったら子どもにどんなことをさせたい／させたくないですか。 　B　あなたが先生だったら、学生にどんなことをさせたい／させたくないですか。	・話し合いは、ペアまたはグループでおこなう。(クラスの人数で調整) ・使役受身は未習なので、混乱しないよう注意。

回答例

A	家事を<u>手伝わせたい</u>／アルバイト<u>させたい</u>(強制)　<u>留学させたい</u>／携帯を<u>持たせたくない</u>(許可)
B	高い学費を<u>払わせたくない</u>／無理に<u>勉強させたくない</u>(強制)　自由に意見を<u>言わせたい</u>(許可)

> ✧ときめき☆POINT✧
>
> ➡ どんな文型でも「多様で豊富な練習」をさせない
>
> 問題になりそうな文型は、「いろいろな場面で使える練習」でなく、「限られた場面・特殊な状況でだけ使う練習」へ、大胆に限定してしまいましょう。

3. 練習で自然な発話が引き出せる、適切な場面設定

次に、あまり使う機会がない文型を、どう無理なく練習できるか考えます。以下に3つの文型を例に挙げます。前述のコーパス研究を参考に、「実際にどんな場面で使っているか」を考えてみましょう。

①文型「〜てあります」

「〜てあります」には、「箱に使い方が書いてあります」のような、状態を描写する用法と、「飲み物はもう買ってあります」のような準備ができていることを表す用法があります。山内(2009)や中俣(2014, 2015)では、中級学習者にほとんど使用がみられないこと、コーパスにおいても出現例が少ないことなどから、「〜てある」の、とくに準備の用法は、初級では不要としています。

状態の描写の用法については、教科書には以下のような用例がよく見られます。

(1) 棚の上に人形が飾ってあります。　　　（『みんなの日本語 初級Ⅱ 第2版 本冊』）
(2) 壁に絵がかけてあります。　　　　　（『日本語初級2 大地—メインテキスト』）
(3) テーブルの上に本が置いてあります。　　　（『初級日本語 げんきⅡ 第2版』）

ほかにも、「しまってあります」「並べてあります」など、さまざまな動詞と組み合わせて文を作成する練習があります。ところが、中俣(2011, 2014)によると、話し言葉・書き言葉のどちらも「〜てある」は「書いてある」の形が圧倒的に多いそうです。よって、初級では多様な動詞と組み合わせて運用練習をする必要はなく、「書いてある」だけを語彙・表現として導入すればいいとも考えられます。「書いてある」を学習者が使う場面を考慮した練習としては、以下のような例が考えられます。

場面	会話例
レストラン街で、友だちと入る店を考える	A：どの店に入りましょうか。 B：○○はどうですか。「本日レディースデー」と書いてありますよ。 A：いいですね。でも、△△の店も「期間限定　お得なセット」と書いてありますよ。 B：「期間限定」はどんな意味ですか。 　　　　　　　　　⋮

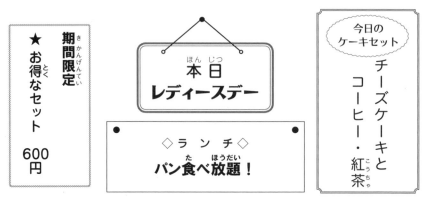

　では、「書く」だけでなく、いろいろな動詞と組み合わせて練習することが要求された場合はどうしたらいいでしょうか。たとえば、下のような絵を見て文を作る練習が考えられますが、機械的に文を作ってもらうのではなく、ゲーム性を持たせると意欲的に取り組んでもらえます。

（☞第3章 参照）

指示	下の二つの会議室を見てください。何がしてありますか。30秒だけ見て、違うところを探してください。たくさん見つけたチームが勝ちです。
答え方	「Aの会議室は、～てあります／ませんが、Bの会議室は、～てあります／ません」
回答例	・Aの会議室は、エアコンが<u>つけてあります</u>が、Bの会議室は、（エアコンが）<u>つけてありません</u>。 ・Aの会議室は、机の上にペットボトルが<u>置いてあります</u>が、Bの会議室は資料が<u>置いてあります</u>。

第4章 制約のなかで戦え

②文型「受身」

日本語の文章では、主語に置かれやすいものが、以下のような優先順位になっています。

> 私　>　私の〜　>　第三者　>　もの

よって、(1)のbのように、「僕」でなく第三者である「太郎」が主語に置かれた文は不自然になります。

(1) a．僕は太郎を殴った。　　　　b．？？太郎は僕に殴られた。

ですが、初級教科書での練習例には、以下のような文変換練習が少なくありません。

(2) 女の人がわたしに道を聞きました
　　→わたしは女の人に道を聞かれました。
(3) 泥棒がわたしのカメラをとりました。
　　→わたしは泥棒にカメラをとられました。（『みんなの日本語 初級Ⅱ 第2版 本冊』）

こうした練習だけだと、学習者はどちらの文でも置き換え可能だと誤解してしまう可能性があります。よって、場面を提示して文を作成させ、その際に、主語になりやすいものの階層についても説明し、なぜ受身を使うのかを意識づける必要があると考えます。

(2)応用例	(3)応用例
道を聞きました 女の人　→　わたし	
※ まず、誰が主語になるのかを考えてから、文を作ってもらう。	

第4章　制約のなかで戦え

次に、主語を統一するために受身を使用する、という観点から、練習法について考えます。主語の統一とは、以下の例のようなものです。

(4) 前半では、A選手の活躍により、日本はアメリカから2点を奪ったが、後半戦では逆に、
　　a. <u>アメリカが</u>日本から3点奪って、<u>勝利した</u>。（？？）
　　b. <u>(日本が)</u>アメリカから3点奪われ、<u>敗退した</u>。

(4)では、日本の立場から状況が述べられています。そのため、主語は「日本」になり、同じ主語で統一して文章を作ろうとすると、主語が動作の受け手となる場合は受身文とするのが自然になります。

初級での文法練習は、ほとんどが一文レベルの文変換や文作成練習であるため、この特徴は見逃されがちですが、以下のような複文作成練習で意識づけをはかることはできます。

文結合練習1	文結合練習2
AくんはBくんを殴りました。 ＋Aくんは先生に叱られました。 →（　Bくんを<u>殴っ</u>　）て、 　Aくんは先生に叱られました。	彼女はみんなに会えました ＋彼女はうれしそうでした。 →（　みんなに<u>会え</u>　）て、彼女はうれしそうでした。
AくんはBくんを殴りました。 ＋Bくんはけがをしました。 →（　Aくんに<u>殴られ</u>　）て、 　Bくんはけがをしました。	みんなは彼女を大切にしました。 ＋彼女は幸せそうでした。 →（　みんなに大切に<u>され</u>　）て、彼女は幸せそうでした。

※注意点：例文を考える際は、「視点の置かれやすさ」にも留意する。

その他、「行われる」のように、受身の形のほうがよく使われる動詞があることも指摘されています。こうしたことからも、能動文→受身文の変換練習には注意が必要です。

③文型「敬語」

『初級を教える人のための日本語文法ハンドブック』では、敬語が使われる場合について、以下のようにまとめられています。

　① 目上の人(先生や上司、年長者など)と話すとき
　② 知らない人や親しくない人と話すとき

③ 改まった場面で話すとき

敬語というと①が強調されがちで、学習者の中には「敬語＝上下関係」と思い込む人がいますが、それは一面的な見方です。年齢や社会的地位に差がない大人どうしの場合でも、初対面であれば敬語を使うのが普通です。その後二人が互いに敬語を使わなくなれば、親しくなった証拠と言えますし、逆に敬語を使い続ければ二人の間に一定の距離が保たれることになります。また、親しい同僚どうしが会議で敬語を使うように、人間関係だけでなく場面にも敬語の運用は左右されます。

(『初級を教える人のための日本語文法ハンドブック』p.321)

ところが、初級教科書では、親疎関係や場面の改まり度を説明するのが難しいせいか、①の上下関係での導入や練習をおこなう場合が多いようです。

(1) 社長は5時におかえりになります。　　(『日本語初級2 大地―メインテキスト』)
(2) 私はきのう先生にお会いしました。　　(『初級日本語 げんきⅡ 第2版』)

また、実生活では、聞き手によって、敬語を使うかどうかを判断する傾向があります。例えば、聞き手が親しい友達などの場合、先生のことを話す場合でも、(4)のように言う人のほうが多いのではないでしょうか。

(3) きのう、先生の研究室に伺ったよ。
(4) きのう、先生の研究室に行ったよ。

こうした情報も初級教科書では触れられていないことが多いようです。けれども、初級後半の学習者であれば、敬語使用の場面について、生活やドラマなどを通して知識を持っていることが多く、言葉での説明もある程度可能であるため、場面や関係を押さえた練習を取り入れるとよいでしょう。

第4章 制約のなかで戦え

練習例	留意点
練習1　親疎関係を意識した練習 　場面：お見合い 　会話例 　A：お住まいはどちらですか 　B：〜に住んでおります。 　A：どうやっていらっしゃったんですか。 　B：中央線で参りました。	※ 初対面でほぼ同年齢という設定。 ※ まず、お見合いについて説明し、どんな会話をするかを共有する。 ※ ペアで会話練習し、発表してもらう。
練習2　聞き手を意識した練習 　場面①：友だち同士の会話 　会話例 　A：鈴木先生、今、研究室にいる？ 　B：ううん、今日は風邪で休むって。 　場面②：先生と学生の会話 　会話例 　A先生：鈴木先生は今、研究室にいらっしゃいますか。 　B：いいえ、今日は風邪でお休みになるそうです。	※ 同じ先生のことを話すときでも、聞き手によって敬語の使用不使用が異なることをまず確認する。 ※ 会話の内容は教師が提示し、場面ごとに練習し発表してもらう。
練習3　場面を意識した練習 　場面①：プライベートで同僚に意見を聞く 　会話例 　A：○○の意見を聞きたいんだけど。 　B：うん、どんな質問？ 　場面②：会議で同僚に意見を聞く 　会話例 　A：○○さんのご意見を伺いたいのですが。 　B：はい、どのようなご質問ですか。	※ 年齢、立場は同じでも場面によって敬語の使用が異なることをまず確認する。 ※ 会話内容は教師が提示し、場面ごとに練習し発表してもらう。

➡文型練習は場面が重要

　運用練習は、学習者が実生活で使える場面を中心にし、使わないものは軽く扱いましょう。また、教科書から抜け落ちている、大切な場面での練習を追加しましょう。

4. クラスが盛り上がる、楽しい文型練習の方法

　文型練習は、「導入→形の変換練習→文変換練習→文作成練習…」というパターンが一般的です。パターン化していることは、初級レベルの学習者にとってわかりやすく、負担が少ないという利点がありますが、形式にとらわれすぎると「練習のための練習」になりがちです。たとえば、私は下のような失敗をしたことがあります。

失敗例1

文型「～があります」の練習　※ 全員が同じ寮に入っているクラスで
教師：学校／家の周りに何がありますか。 A　：～があります。 教師：Bさんはどうですか？ B　：(困惑) Aさんと同じです。

失敗例2

文型「～たり～たり」の練習 ※ アルバイトに追われる学習者が多いクラスで
教師：Aさんは、休みの日にどんなことをしますか。 　　　（予想した答え：買い物したり映画を見たりします、など） A　：ずっと寝ます。 教師：Bさんは？ B　：何もしません。

　使う機会が多く、運用練習のしがいがある文型であっても、教師が不適切な質問や指示をおこなうと、期待した答えが返ってこないばかりか、学習者の意欲も下げてしまいかねません。
　練習が失敗する原因は、主に以下の3点にまとめられます。

① 使用場面がわからない／場面が学習者の現実に即していない。
② 練習が単調で、学習者の自由な発想が生かされない。
③ 練習のテーマや質問がおもしろくない。

　上のような問題点を解決するためのちょっとした工夫で、単純な練習でも、ぐんと学習者のモチベーションを上げることができます。以下にそのポイントと具体例を紹介します。

①文型「～(の)に(使います)」

　たとえば『みんなの日本語 初級Ⅱ第2版 本冊』には以下のような文作成練習があります。

第4章 制約のなかで戦え

キュー：材料を混ぜます
→これは何ですか。
…ミキサーです。材料を混ぜるのに使います。

（『みんなの日本語 初級Ⅱ 第2版 本冊』p.142）

　この問題では、イラストに「ミキサー」と書いてあるうえ、答えの「材料を混ぜます」もすでに出されているので、正答は明確ですが、コミュニケーションの現実味に乏しく、学習者の文を作る意欲が引き出しにくいように思います。

　現実のコミュニケーションに近づけるためには、「何に使うかがわかりにくいもの」を、「知らない人に伝える」という場面設定の工夫が必要です。たとえば、練習方法を以下のように変えることが考えられます。

練習の手順	留意点
1. 便利グッズなど、多くの人が使い方を知らないと思われる道具を実際に持ってくる。 2. ペアで好きな道具を選んでもらい、使い方を考えてもらう。 3. 「〜（の）に〜」を使って、使い方を説明してもらう。 4. 使い方が正しいかどうか、クラスメートに評価してもらう。	※時間があれば、学習者に出身地特有の道具などを持ってきてもらったり、その場でインターネットで検索して紹介してもらってもよい。クイズとしてクラスメートに考えてもらい、解答を教える。 ※学習者に余裕があれば、「〜（の）に役に立ちます／いいです」などと組み合わせてもらう。

回答例

①道具：圧縮袋	これは、洋服を小さくするのに使います。旅行に役に立ちます。
②道具：エッグスライス	これは卵を薄く切るのに使います。サラダを作るのに便利です。

　実際の授業で秀逸だったのは、ある学習者が答えた、以下の文です。

（1）これは、「のに」の練習をするのに使います。

　私の想像を超えた答えでしたが、これこそ、まさに現実に即した答えと言っていいでしょう。

②文型「〜んです」

　初級教科書の文型練習問題の構成の典型は、以下のようなものです。

　　①活用の変換練習 → ②節や文レベルの変換練習 → ③イラストを見て文を完成させる

　正答が一つに絞られる問題が多いので、わかりやすく、学習者にとっても教師にとっても安心感がありますが、一方、こうした練習だけでは授業は単調になりがちです。また、あまり考えなくても機械的に答えられてしまうので、応用力が養われないという問題点もあります。以下に、文型「〜んです」を例に挙げながら、アレンジの方法を考えます。

例：→　どう　したんですか。
　　……頭が　痛いんです。

（『みんなの日本語 初級Ⅱ 第2版 本冊』p.5）

　上の練習は、わかりやすいのですが、「どんな場面で使うかわかっていなくても、形さえわかっていれば正答が導き出せる」「質問も答えも決められていて、あまり考える余地がない」といった問題があります。よって、以下のような練習に変える、または練習を加えることを提案します。

練習の手順	留意点
1. いろいろな表情の人のイラストを準備する（下のイラスト例参照）。 2. イラストを拡大して、黒板に貼る。 3. 学習者にペアになってもらい、好きなイラストを選んで会話を作ってもらう。	※ よりリアリティを出すためには、Bにイラストを持たせ、その人になりきって答えてもらうとよい。 ※ バラエティのある答えが出にくい場合は、まず教師が例としていろいろな答えを提示してみせてから練習をおこなう。 ※ 最後に感想を言わせたりして会話を完成させる。

A 　　B 　　C

第4章　制約のなかで戦え

回答例

> 涙をぬぐっている人のイラストを使って
> A：どうしたんですか。
> B：（テストの点が悪かった／～さんに彼女ができた／目にゴミが入った）んです。
> A：そうですか。（残念でしたね／元気を出してください）。

③文型「～ています（習慣）」／「～ておきます」

　単調になりがちな文型練習を楽しいものにし、学習者が積極的に取り組んでくれるようにするには、おもしろい文が作りやすいテーマや質問をし、誘導する工夫が必要です。まずは教師自らがおもしろい文を作ってみましょう。学習者の個性を生かして、「キャラ作り」をするのも手です。また、学習者がユーモアのある文を作ったときに、教師が積極的に面白がったり喜んだりして、おもしろい文の作成を推奨していくと、学習者は教師の期待以上の活躍をしてくれます。（☞第5章 参照）
　以下に実際の教室でのやりとりを紹介します。

文型「～ています」（習慣）

工夫例

> 教師：皆さんは週末、どんなことをしていますか。Aさん（真面目な学習者）は、予習したり復習したりしていますか（笑）。…　キャラの利用
> A　：はい。それから、漢字の練習をしたり、テストの勉強をしたりしています。
> 教室：（笑）
> 教師：Bさん（アニメ好きの学習者）は違いますよね？　秋葉原に行っていますか。…　キャラの利用・誘導
> 教室：（笑）
> C　：はい、Bさんは、いつも秋葉原で漫画を買っています。コスプレもしています。
> 教室：（笑）
> B　：Cさん（ラーメン好きな学習者）は、毎週土曜日は「ラーメン二郎」に行っています。そして、日曜日は「一蘭」に行っています。
> 教室：（笑）

文型「〜ておきます」

ありがちな例

質問　　：パーティーの前(お客さんが来る前)に何をしておきますか。 回答例：食べ物(飲み物)を買っておきます。 　　　　　お皿(コップ)を並べておきます／準備しておきます。 →多様な答え、ユーモアのある答えが出にくい

工夫例

質問：子どもが生まれる前に、どんなことをしておきますか。 　　　　　　　　　　　　どんなことをしておきたいですか。 　　　　　　　　　　　　どんなことをしておかなければなりませんか。		
予想した回答例		実際の回答例
名前を決めておきます／子ども服を買っておきます／保育園を調べておきます、など		結婚しておきます／夫を保険に入れておきます／離婚したらどちらが子どもを育てるか決めておきます、など

✧ときめき☆POINT✧

➡**自由度を高め、ユーモアのある回答を引き出す**

　学習者の「言いたい！　伝えたい！」という意欲を引き出し、やりとりを現実のコミュニケーションに近づけることが大切です。学習者のユニークな発想を生かし、ユーモアのある文作成を推奨しましょう。

4. おわりに

　文型練習は、初級の学習者にとっては授業の中心といってもよいものです。だからこそ、教師はいくら経験を重ねても、否、むしろ経験を積んだ教師ほど常に「この文型は本当に役に立つのか」「このやり方で学習者の意欲を引き出せているか」と自問自答しながら毎回の授業を改善していかなければならないと思います。

　本章で紹介したアイデアは単なる一例で、観点を示したにすぎません。「何が役に立つか」「何をおもしろいと感じるか」は、学習者の置かれた状況や背景、個性によって違いますし、そのクラスの毎回の授業でのやりとりから培われるものもありますから、実際にはそのクラスならではの工夫・アレンジが必要です。そして、楽しく意義のある文型練習にするためには、何よりも教師自身が率先して授業計画や学習者とのやりとりを楽しむこと。それが何より大切です。

引用教科書

『初級日本語 げんきⅡ［第2版］』(2011) 坂野永理・池田庸子・大野裕・品川恭子・渡嘉敷恭子，ジャパンタイムズ．

『新文化初級日本語Ⅱ』(2002) 文化外国語専門学校（編著），凡人社．

『日本語初級2 大地 ―メインテキスト』(2009) 山崎佳子・佐々木薫・高橋美和子・町田恵子・石井怜子，スリーエーネットワーク．

『みんなの日本語　初級Ⅱ［第2版］本冊』(2013) スリーエーネットワーク（編），スリーエーネットワーク．

参考文献

庵功雄 (2009)「推量の「でしょう」に関する一考察 ―日本語教育文法の視点から―」『日本語教育』142，pp.58-68．

庵功雄 (2012)「文法シラバス改訂のための一試案 ―ボイスの場合―」『日本語／日本語教育研究［3］』pp.39-55．

庵功雄 (2015)「日本語学的知見から見た初級シラバス」庵功雄・山内博之（編）『現場に役立つ日本語教育研究1　データに基づく文法シラバス』pp.1-14，くろしお出版．

庵功雄・高梨信乃・中西久実子・山田敏弘（著）(2002)『初級を教える人のための日本語文法ハンドブック』スリーエーネットワーク．

岩田一成 (2012)「使役における初級教材の「偏り」と使用実態」『日本語／日本語教育研究［3］』pp.21-37．

岩田一成 (2014)「初級シラバス再考 ―教材分析とコーパスデータを基に―」第9回国際日本語教育・日本研究シンポジウム大会論文集編集会（編）『日本語教育と日本研究における双方向性アプローチの実践と可能性 ―第9回国際日本語教育・日本研究シンポジウム大会論文集―』pp.647-656．

岩田一成・小西円 (2015)「出現頻度から見た文法シラバス」庵功雄・山内博之（編）『現場に役立つ日本語教育研究1　データに基づく文法シラバス』pp.87-108，くろしお出版．

小林ミナ (2005)「コミュニケーションに役立つ日本語教育文法」野田尚史（編）『コミュニケーションのための日本語教育文法』pp.23-41，くろしお出版．

建石始 (2015)「類義表現から見た文法シラバス」庵功雄・山内博之（編）『現場に役立つ日本語教育研究1　データに基づく文法シラバス』pp.215-232，くろしお出版．

田中祐輔 (2015)「初級総合教科書から見た文法シラバス」庵功雄・山内博之（編）『現場に役立つ日本語教育研究1　データに基づく文法シラバス』pp.167-192，くろしお出版．

友松悦子・宮本淳・和栗雅子 (2013)『どんなときどう使う日本語表現文型200』改訂版，アルク．

中俣尚己 (2011)「コーパス・ドリブン・アプローチによる日本語教育文法研究 ―「てある」と「ておく」を例として―」森篤嗣・庵功雄（編）『日本語教育文法のための多様なアプローチ』pp.215-233，ひつじ書房．

中俣尚己 (2014)『日本語教育のための文法コロケーションハンドブック』くろしお出版．

中俣尚己(2015)「生産性から見た文法シラバス」庵功雄・山内博之(編)『現場に役立つ日本語教育研究1　データに基づく文法シラバス』pp.109-128, くろしお出版.

野田尚史(2005)「コミュニケーションのための日本語教育文法の設計図」野田尚史(編)『コミュニケーションのための日本語教育文法』pp.1-20, くろしお出版.

フォード丹羽順子(2005)「コミュニケーション能力を高める日本語教育文法」野田尚史(編)『コミュニケーションのための日本語教育文法』pp.105-125, くろしお出版.

山内博之(2009)『プロフィシェンシーから見た日本語教育文法』ひつじ書房.

山内博之(2015)「話し言葉コーパスから見た文法シラバス」庵功雄・山内博之(編)『現場に役立つ日本語教育研究1　データに基づく文法シラバス』pp.47-66, くろしお出版.

第3部

感情論

第3部

第5章

笑う門には福来る
笑いは学習を促進する

尾崎由美子

> **質問**
>
> 私の担当するクラスの学習者は、ほとんどが宿題は必ずして来るし、一見まじめに授業に参加しているように見えるのですが、最小限しか口を開かずクラスは重い雰囲気です。その上、当てると実は授業を聞いていなかった、ということも度々あります。どうしたらいいでしょうか。

> **回答**
>
> おしゃべりが絶えないクラスも大変かもしれませんが、ペアやグループで活動させても、必要最小限のことを話したらさっと解散して各々でスマートフォンをいじったり、じっとテキストを見たりしている…というクラスも、やりづらいものです。おそらくこうした学習者は、自分が授業の参加者として役割が与えられている、という感覚がないのではないでしょうか。他の学習者は共に学ぶ仲間というより、むしろ、比較の対象か評価基準として意識している可能性もあります。
>
> じつは、そうした問題を解決するオキテ破りの方法があります。それは、笑いを起こすという方法です。場合によっては学習者の間違いまでも笑ってしまいます。それは養成講座で学んだ「学習者の日本語を笑うな」というオキテに反すると思われるかもしれません。しかし、これはお互いに遠慮なく笑える関係を作ることを目的としており、クラスに居場所がない、当事者意識がない、といった学習者がクラスに主体的に参加するために効果的な方法なのです。

1. 教室活動の概要

本章では、「笑い」を利用して、学習者を授業に引き込む方法を紹介します。今日はクラスに元気がないと感じたときには、学習者を笑わせようとすることがあります。果たして、笑いは実際にその後の学習にどのような影響を与えているのでしょうか。

笑いは古くはギリシャ哲学の時代から考察の対象となってきましたが、近年、医療の分野や心理学、社会学、言語学など広い範囲で注目されています。笑いでス

トレスを緩和し、医療効果をあげている話などは、聞いたことがあるのではないでしょうか。中村（1996）は、笑いにはネガティブな側面があることも指摘しつつ、コンストラクティブな側面の方が大勢を占め、それは精神的にも「柔軟さと解放感を与える」「距離をおき物事を見つめさせる」「不快感を昇華させる」など数々の効用があり、社交的にも「結束力を高める」「不平等をなくす」「友好の潤滑油になる」「信頼感・親密感を高める」などの効用があると述べています。

　それでは、笑いは学習にどのような影響を与えるのでしょうか。生田（2008）は短大の英語学習者に対し、日本の漫才のビデオを8分間見せてから学習に取り組ませた結果、「1.肯定的感情を覚醒させるような「笑い」を授業に持ち込み、2.不安をかきたてるような要素をなるべく排除すること」が学習に効果的に作用したと言っています。これは、学習者が教室での不安を上手く処理し、情意フィルター＊を低くするように助けることが、学習者の集中力を高め、学習を促進するという尾﨑（2002）の説によっても裏付けることができます。また、白石（2012）は、学習者が不安を感じる可能性が高い教育現場である予備校のクラス運営では、笑いが学習者の覚醒度を上げ、授業を楽しむことで授業参加が手段ではなく目的になる可能性を示しています。これは、笑えば成績が上がる、という直接的な因果関係を示すものではありませんが、学習者がモチベーションを維持しやすくなるということは、理想的な学習環境に欠かせないものです。ほかに、初級〜中級の日本語クラスにおいて、笑いが学習者間の関係構築や、消極的な学習者がクラス全体でのやりとりに参加する際のハードルを下げる役割を果たしていることを示唆した研究もあります。つまり、笑いはクラスの参加者の関係構築を促進し、和やかな雰囲気をつくることにより不安を緩和し、学習に適した環境を整えると言えます。それは、「笑いが学習の促進につながる」とも言えるのではないでしょうか。ただし、ここでいう「笑い」とは、もちろん嘲笑や失笑といったネガティブな笑いではありません。笑いはときに攻撃や防御、社交的な目的を持って意図的に発せられますが、学習を促進する笑いというのは、おかしみや満足感、親近感などの快の感情を表出する笑いです。

　そこで、教師にできることとして、学習者が自然に笑い合えるような環境を整えることを、次のように提案します。

＊　Krashen が提唱した仮説で、学習者がインプットを頭の中に取り入れる際に心理的な壁（不安など＝情意フィルター）が低いほど習得が進む、と考えられています。

学習を促進する「笑うクラスづくり」のポイント

　学習者を笑わせることで授業に引き込む活動を、本章では二つに分けて紹介します。(1)笑える活動では、日々の授業の笑えるウォーミングアップの活動をご紹介します。(2)授業のやり取りを笑いにつなげるわざでは、学習者の発言を効果的に取り上げることや個々の学習者を表舞台に引っ張り出すことで、笑いにつなげる方法をご紹介します。具体的には以下の通りです。

(1)笑える活動（2.で紹介）
　①いいまちがい（2.1で紹介）
　②写真でクイズ（2.2で紹介）
　③みんなで笑おう！川柳、小噺（2.3で紹介）
(2)授業のやり取りを笑いにつなげるわざ（3.で紹介）
　①学習者の発言につっこむ（3.1で紹介）
　②敢えてつっこまずにすかす（3.2で紹介）
　③比喩で見立てる（3.3で紹介）
　④登場人物を学習者や有名人にする（3.4で紹介）

　それでは、以下でそれぞれのポイントを日々の授業でどのように実践するか、具体的な例を紹介します。

2. 笑える活動

　日々の授業の中で笑いが起きる活動を、みなさんはすでに知っているかもしれません。例えば、恥ずかしかった話（失敗談）、驚いた話、あるいはダイレクトに面白かった出来事を報告し合うという活動でも笑えると思います。一枚の写真を見て、そこに写っている人物（または動物）のセリフを考えるという活動も、単純ですが、選ぶ写真によっては楽しめます。スケジュールに余裕があれば、「もし店員が何も売りたくない人だったら」といったありえない場面での会話を作る活動も笑えるでしょう。ここでは、日々の授業で日本語を使ってちょっと笑える活動を紹介します。

2.1　いいまちがい

　授業のウォーミングアップの活動です。日本人でも、言い間違えることはよくあります。「ドキがむねむねする」「あつはなつい」などといったものはすっかり市民権を得て、もう「胸がドキドキする」「夏は暑い」と同じように通用すると思っているのは私だけでしょうか。日々のいいまちがいを、本当は何と言いたかったのか

第5章　笑う門には福来る

考えるという、普段日本語を訂正されるばかりの学習者たちの胸をすく活動です。

《目　的》　いいまちがいで笑う

《レベル》　中級〜

《時　間》　5〜15分

《人　数》　何人でも

《手　順》

①いいまちがいの例を文字化したものを提示する。知らない言葉の意味を確認し、文を読んだときスムーズにイメージできるようにしておく。

②参加者は、複数いればペアやグループで、文中の間違いを直す。

※ レベルが低い学習者の場合、理解することに必死で余裕がなくなり、正解を見つけることが目的となりがちです。そのような場合は、答えを考えさせるのではなく、間違っているところに線を引くだけにするか、読み物として楽しむだけにとどめ、どれが一番おもしろかったかを話し合う活動にすることもできます。

【問題1】　　　の部分は言い間違えています。本当は何と言いたかったのでしょうか。

①映画を見ようと思ってDVDをレンタルしに行ったら、借りるとき、お店の人が「返却は1時間後でよろしいでしょうか」と言いました。普通の映画は1時間じゃ見終わりません…。

②月曜日の朝のラッシュの時間、忙しそうな車掌さんが「ドアが出発します！」と言ったので、びっくり。何人か立ち止まっている人がいました！

③ある冬の日、仕事の帰りの友だちとの会話です。
　友だち「寒いねー。」
　私「こんな日はチョットホコでも飲みたいね。」
　友だち「ほこ!?」

④よく相談に来ていたタイの学生の一言。
　「私はいつも先生に迷惑をかけて、ごめんください。」
　家に招待してあげようかと思いました。

⑤キッチンにいた私に、母が言いました。
「もっぷこってきて～！」

⑥あるハンバーガーショップでアルバイトをしています。注文を確認しようとして、「ポテトがおひとつ、ハンガーバーがおひとつですね」と言ってしまいました。親切なお客さんは３秒ほど考えた後、「……はい」と返事をしました。

⑦昨日ラーメン屋に入ったら、お店のお兄さんに元気よく「いってらっしゃいまっせ～!!」と言われた。

⑧学生から、授業を休むというメールが来ました。
「明日の午後は情事があるので作文の授業を休ませていただけませんか」
この日本語が正しければ、許可できませんが、たぶん間違いだろうと思って、「わかりました。がんばってください」と返信しました。

⑨日本語を勉強している学生の話です。その子は長い髪のかわいい女の子です。
学生「先週バイクで交通事故をしました。」
私「えぇっ？大丈夫だったの？」
学生「はい、オトコですから。」
私「えええっ？オトコ？（女にしか見えないけど、本当は男だったの!?）」
学生「はい、オトコ、オトコ、あ～、（　答え　）です。」
聞いてはいけないことを聞いてしまったのではないかと、どきどきしました。

⑩エジプトで日本語を勉強している学生が言いました。「エジプトでは、男の人はタマゴをすいます。女の人は、すいません」おもしろいなあ、どうやってすうんだろうと思っていたのですが、よく話を聞いてみたら、（　答え　）でした。

(答え：①一週間　②電車が出発します、ドアが閉まります　③ホットチョコ
④ごめんなさい　⑤コップ持って　⑥ハンバーガー　⑦いらっしゃいませ
⑧事情　⑨オトナ　⑩たばこ）

【問題2】 小さい子どもが言ったことばです。本当は何と言いたいのでしょうか。
　　①プゼレント　　　②ペッポドトル　　　③マネヨーズ
　　④おすくり　　　⑤ばんがった

（答え：①プレゼント　②ペットボトル　③マヨネーズ　④お薬　⑤がんばった）

※ これらのネタはこの本の執筆メンバーの協力により集まったものです。すべてをここに掲載しきれないほど、たくさん集まりました。

※ こうした言い間違いの例を投稿という形で豊富に集めているウェブサイトに「ほぼ日刊イトイ新聞」があります。
「今日の言いまつがい」（最新版）
http://www.1101.com/pl/iimatugai/index.html
「今までの『言いまつがい』」「もっと前の『言いまつがい』」
http://www.1101.com/iimatugai/index.html（ページ下部）

2.2　写真でクイズ

　おもしろい出来事を撮った写真を題材にクイズを作り、みんなで答えを考える活動です。クイズに慣れてきたら、学習者が写真を準備し、クイズを作ることもできます。短い時間でできるので、スケジュールがタイトなコースでも取り入れられるというメリットもあります。

　題材は何でもいいのですが、笑いの材料としてよく挙げられるのが、動物、子ども、お年寄りです。こうした写真はインターネットでも見つけられますが、学習者にとって身近なものであるほうが、興味を持てるかもしれません。何かおもしろいものや珍しいもの、気になるものを見つけたら、写真に収める習慣をつけておくといいでしょう。

《目　的》	写真で笑う
《レベル》	初級半ば〜
《時　間》	3〜10分
《人　数》	何人でも

《手　順》

① （学習者が複数いる場合は）グループ（またはペア）を作る。
② 教師は写真を提示する。
③ 状況を説明し、クイズを出す。
④ （必要に応じて）学習者は教師に質問をする。
⑤ 各グループの答えを全体で発表する。

【問題】

①３歳の女の子が新しい水着を自慢しています。母親が「かわいいねえ。いいな〜」とほめると、「母さんが　答え　たら貸してあげる」と言いました。さて、何と言ったでしょうか。（ヒント：彼女はいつも母の持ち物を使いたがるのですが「大きくなってからね」と言われてしまいます。）

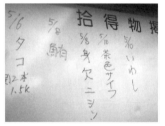

②左の写真は、ある場所にあった掲示板です。落とし物と拾った日が書かれていますが、ここは交番ではありません。さて、ここはどこでしょうか。

③右の写真は、２歳の女の子が仏壇でお線香をたくさん立てて遊んで、「ハッピーバースデーツーユー」と歌を歌っているところです。そこで、「これは両手を合わせてなむなむ〜って言うんだよ」と教えたのですが、女の子は手を合わせて何と言ったでしょうか。

（答え：①小さくなっ（たら）　②魚の市場（東京の築地市場）　③いただきます！）

2.3 みんなで笑おう！川柳、小噺

　川柳や小噺など、正統派の笑いを紹介し、どこがおもしろかったかをみんなで共有する活動です。川柳や小噺も、笑いの誘因はズレや勘違いが多いので、「2.1 いいまちがい」のようにクイズ形式にすることもできます。また、川柳は17文字に凝縮された意味を、言葉を補って文の形で表現するという活動も考えられます。しかし、ここでは敢えてしみじみと味わって感想を述べあうことに徹します。

　川柳には、例えば次の「サラリーマン川柳」の例(4)のように高齢者の現実をうたったものが多くあります。川柳でなくとも、ブラックジョークの類は、文化の違いにより、笑うことをためらったり不愉快に感じたりする学習者がいる可能性もありますので、配慮が必要です。

《目　的》　川柳で笑う

《レベル》　中級〜

《時　間》　5〜15分

《人　数》　何人でも

《手　順》

　①(学習者が複数いる場合は)グループ(またはペア)を作る。
　②教師が川柳や小噺の文字化したものを提示する。生の日本語のわかりにくい箇所は必要に応じて解説し、理解できているかを確認する。
　③各グループで解釈し、感想を述べあう。
　④各グループで出た感想を全体で発表する。

※ 中級レベルであれば、誰と誰の会話か、登場人物はキーワードをどのような意味で使っているか、などを確認してからグループ活動に入るとよい。

【例】第一生命「サラリーマン川柳」より
(1) 記念日に「今日は何の日？」「燃えるゴミ!!」
　　　　　　　　　（第28回「私が選ぶサラ川ベスト10」第5位）
(2) 入れ歯見て目もはずしてとせがむ孫
(3) 「課長いる？」返ったこたえは「いりません！」
(4) デジカメのエサはなんだと孫に聞く
　　　　　　（第25回「サラ川総選挙結果発表」第12位、14位、15位）

※ 川柳、小噺を紹介した書籍もありますが、手軽に利用できるウェブサイトを紹介しします。　　　　　　　　　　　　　　　　　　（2016年3月16日参照）

・第一生命「サラリーマン川柳」
　　http://event.dai-ichi-life.co.jp/company/senryu/index.html
・TOTO「トイレ川柳」
　　http://www.toto.co.jp/senryu/index.htm
・公益社団法人全国有料老人ホーム協会「シルバー川柳」
　　http://www.yurokyo.or.jp/news/silversenryu.html
・「落語ファンドットコム」より「マクラに使われる小噺」
　　http://www.rakugofan.com/?page_id=75
・畑佐一味氏「初級者からできる日本語学習者による小噺プロジェクト」より「ミドルベリー小噺コレクション」
　　http://tell.cla.purdue.edu/hatasa/rakugo/kobanashi-collection.doc

✧ ときめき☆POINT ✧

➡ 教師も学習者もみんな一緒に笑って日本語を楽しもう

　笑える活動に大事なことは、日本語をひたすら楽しむ！です。授業では、要求に応じて適切な日本語を産出し、正確に理解することを求められる活動がほとんどですが、ここではみんなに伝わるという条件さえ満たせばOKとします。その他は、見て、読んで、笑うという単純な活動ですが、みんなで笑って楽しむことができたら、もう授業の全員参加に成功している、ということになります。

3. 授業のやり取りを笑いにつなげるわざ

　ここでは日々教室で繰り返されるごく一般的なやり取りの中から、教師が笑いのネタを見つけ出し、それが笑いにつながる仕組みを、初級の日本語クラスの事例から紹介します。実は、多くがすでに日頃行っていることなのですが、ここではそれを分析的に見ることで、笑いのわざとして意識的に使えるようにしてみましょう。

3.1　学習者の発言につっこむ

　昨今のお笑いブームで「ボケ」「ツッコミ」という用語もすっかり日常用語として定着しましたが、ツッコミを端的に言うと間違いや勘違いを指摘することです。こう言うと、授業では当然ごく自然に行われていることのようですが、単純な間違いの指摘ではなくツッコミとして成立させるには、その間違いや勘違いが本来あるべき姿とどのようにずれているかを示すのが鍵です。例えば、日本語のクラスで、理解する能力が及ばず誤答してしまうのは、その答えが間違いであっても行為としてはずれていませんから、つっこめません。ただし、その答えが常識的に予測できる範囲から大きくずれた意外なものであったら、笑える、つまりボケになり得るかもしれません。そこで、間違いを指摘すれば、ツッコミと呼べるでしょう。そのツッコミが、ごく自然に行われている事例を紹介します（下線部分（＿＿）は当該技法が使われている部分です）。

事例［練習です］

（二人のうち一人がかばんを持っている絵カードを見せ、クラスの学習者アリがアンナという女の子のかばんを持っていると設定）

　　T　　「これはアンナさんのかばんです、はい。アリさんはとても親切な人です。」
　　アリ　「ありがとうございます。」
　　T　　「はーい、はーい、とても優しいです。」
　　アリ　「ありがとうございます。」
　　T　　「<u>あ、これは練習です。</u>」
　　T・Ss　（笑う）
　　ファン「例文です。」
　　T　　「例文ですね、はい（笑う）はい。」

※ Tは教師、Ssは複数の学習者

ここでは仮想のことなのに現実のことと取り違えたふりをして二度もお礼を言うアリのずれた行為がボケとして存在するために、ツッコミが成り立っています。教室で一つこのような笑いが起きると、今日の授業は楽しかった、という印象が残ります。このように、クラスにおふざけの好きな学習者がいたら、見逃さずつっこみましょう。

ツッコミの際に気を付けるポイントは、特に学習者が意図的にぼけていない場合は、ツッコミが攻撃的に映らないように、そよ風のようにさりげなく、間違いを指摘するだけのツッコミを心がけましょう。クラスが始まって間もない時期は、つっこんでも気に病まないタイプかどうか慎重に観察して、学習者を選んでつっこみましょう。

3.2 敢えてつっこまずにすかす

これは、学習者のずれた発言を受けて、つっこむかと思われるところでつっこまないで、繰り返すことによっておかしみを増幅させるというわざです。このような予想を裏切る意外な言動を、お笑い用語ではスカシと言います。

繰り返しは、私たちの日常会話においてもよく使われる傾聴技法(積極的に関心を持ち、注意深く相手の話を聞く技術)ですが、言語学習における繰り返しは、常に確実に聞き取れるとは限らない非母語話者に向けて、発話を確実に共有するための再提示という要素が強いのではないでしょうか。しかし、ここではそうした教育的配慮のみにとどまらない繰り返しによって笑いを呼んだ事例を紹介します。

事例「涼しい」
(授業で学習者キンが教師Tに「恥ずかしかった話」をしている)

キン	「ときどき、朝、学校へ来ます、えー早く早く。」
T	「来ます、うん。」
キン	「ズボンのー、チャック、忘れました、えー、ちょっと涼しい。」
T	「ああ、ああ(笑う)。」
Ss	(笑う)
Ss	「涼しい(笑う)。」
T	「そうね、ちょっと涼しいよね。」
T・Ss	(笑う)

キンの置かれた状況を想像するとそれだけで笑えそうな場面ですが、笑いの誘因

はキンの失敗とともにキンが涼しいというプラスイメージの語を選択したことです。ここで教師Tは「恥ずかしかったんじゃないんですか」「感想言ってる場合ですか」などとつっこむのではという予想を裏切り、「そうね、ちょっと涼しいよね」と学習者の発言を繰り返し、むしろ共感しているかのような(していないかもしれませんが)応答で受け流しています。まるでキンのボケに便乗しているかのようです。それがさらに学習者の笑いを大きくしています。「敢えてつっこまないで繰り返す」がポイントです。

3.3 比喩で見立てる

比喩には、「～ようだ／みたいだ」のような比喩指標を伴う直喩、そうした指標を伴わない隠喩とがありますが、いずれもあるものをあるものに見立てるという点で共通しています。ここで紹介する方法は、比喩を用いた見立てで笑いを引き起こそうというものです。比喩自体はごく日常的に使われますが、教室で笑いを呼ぶには、わかりやすく、しかし意外で、的外れでないという条件が必要です。この事例では、比喩によって学習者が選択した表現がどのようなイメージとして伝わっているかを教師が説明しようとしています。

事例「ロボット」

T	「赤ちゃんに泣かれました。トーンさん困ります、何をしますか。」
	(中略)
トーン	「牛乳を。」
T	「あ、牛乳を？」
トーン	「入れます。」
T	「あげます。」
Ss	「入れます。」(笑う)
T	「牛乳をあげます、牛乳をあげます。」
	<u>「牛乳を入れます、は、うーん、ロボットですねえ。」</u>
Ss	(笑う)

この後に続くやり取りで、トーンは「飲ませます」と言いたかったことがわかりました。使役表現は未学習であるものの、「あげます」では腑に落ちない様子のトーンに、「入れます」がトーンの意図した表現イメージと異なることを伝えるために、教師は「ロボット」という効果的な比喩を用いています。

比喩の中でも、このように相手の言動を受けて、それをうまく他のもの／人に喩えて笑いを取る行為は、お笑いのわざの「喩えツッコミ」に相当します。この事例では、教師は純粋に学習者の理解を促すために比喩を用いたのだと思われますが、学習者はそれを楽しんでいる様子がうかがえます。私の経験を挙げると、授業で他己紹介を行った際に、20代前半の女の子の学習者のペアの一人が、「とてもいい子ですから、この子と仲良くしてやってください」と熱心に紹介した様子が微笑ましくて、思わず「お父さんみたいですね」とつっこんでしまったことがあります。「この子はいい子」「してやって」等の表現がお父さんという喩えにつながったのですが、このお父さんが想起するものを聞き手と共有できなければ的外れな比喩となり、笑いは起きません。この時には幸い笑ってもらえましたが、喩える際には学習者がどのようなイメージを抱くかをよく考えることが必要です。

3.4 登場人物を学習者や有名人にする

　絵カードや例文に登場する人物を、クラスの学習者や学習者が知っている人物（教師や有名人など）に例えるという方法です。「白鵬くんはけがをして運動会に出られませんでした」「モーツァルトさんはピアノが下手です」のように、登場人物のイメージと文全体のギャップを大きくしたり、時事ネタを反映させてみたりして、小さな笑いを起こすことができます。ここでは、クラスメイトの学習者を用いた投影の例として、次の事例を見てください。

事例「アギさんです」
（母親に起こされる子供の絵のカードを見せ、子供を指差し）
 T 「はい、アギさんです。」
 Ss （笑う）
 T 「アギさんです。」
 クイン「そうです。」
 T 「アギさんのお母さんですねえー。」
 ファン「そうか。」
 T 「ちょっと怖いお母さんですねえ。」

　学習者を登場人物に投影することで、例えられた学習者の知らない一面を見たような錯覚を起こし、親しみを感じるという点がこの方法のメリットです。これをきっかけに「アギさんのお母さんは本当に怖いですか」等、授業外でも学習者間の

コミュニケーションのきっかけになれば、普段おとなしく発言の少ない学習者と他の学習者を近づけることができるかもしれません。

ただし、学習者の名前を出す際に気をつけなければならないこともあります。クラスの中で各学習者のイメージが十分に共有されていない段階では、投影することによってマイナスイメージが刷り込まれてしまわないようにしましょう。そこに配慮すれば、目立たない学習者を表舞台に引き上げることができる有効な方法です。

―✧ときめき☆POINT✧―

➡一人一人にスポットライトを当てる

みんなが気負わず参加できるクラスの雰囲気の根底にあるものは、結局は学習者どうし一対一の信頼関係の集合体なのではないでしょうか。人はよく知らない人に対して警戒心を抱くものです。そのような状況で、もしも自分の日本語能力に対してひどく自信がなかったら、どのようにふるまうでしょうか。そのような学習者どうしの関係構築を助ける「親近感」を抱かせるために、まずは一人一人に注目を集め、知るきっかけをつくることが、ここでのポイントです。

イマイチ授業とその対策

お互いをほとんど知らないという状況では、クラスのやり取りの中から笑いのネタを見つけ出すのは困難です。それは、笑いが肯定的に受け取られるかどうか、判断がしにくいからです。

そこで、初回のクラスで行う活動としてお薦めしたいのが、斎藤孝氏の「偏愛マップ」です（斎藤 2004）。好きなものを書き出した一枚の紙を媒介に話すことで、初対面でも共通点を見つけやすく気軽に話しお互いを知ることができるので、初めてのクラスでは効果てきめんです。

また、瀬沼（2008）は、日本のお笑いに関する研究の中で、笑いの要素がありながら笑いが起きなかった場合の原因の一つとして、「どこで笑えばいいのかわからなかった」という点が挙げられると述べています。こうした問題点を解決するのが、笑うタイミングを相手に提示する「間」と「笑顔」です。笑っていい箇所で、相手がそれを理解するための間をとり、笑顔で「笑っていいんですよ」というサインを出す。母語で笑うのに間が必要なら、非母語話者である学習者にはなおさら必

要です。また、教室というところは、限られた時間の中で目的あるやり取りが行われる管理された場所であり、学習者が教師の発話を無視して学習内容と無関係に話したいことを話してもいい場所ではありません。本来学習の本筋ではない、笑いを取り巻くやり取りが許されるかどうか、学習者は判断する必要があります。そこで、教師が笑顔を見せれば、「笑っていいよ」というゴーサインだと受け取って、笑いやすくなります。

　一方で、笑いを抑制することが必要になることもあります。それは、笑いよりも優先される重要な発話の最中や、たどたどしい発話など学習者の能力の低さが笑いの対象になろうとしているときです。笑いはよくも悪くも「発話内容の重みづけ（荷重）を「吹き飛ばす」効果を持ち、それはその人の発話内容の「リアリティ」が剥奪されることを意味する」（板村他 2010）とも考えられます。やり取りに積極的な学習者を上手く教室内コミュニケーションの活性化に利用し、自由なやり取りを楽しむことを認める一方で、笑いによって個々の学習者の発話が軽んじられることがないよう権利を守る。教師は常に交通整理役であることを、学習者とともに笑いつつも忘れてはいけません。

4. おわりに

　本章では、授業の中に積極的に笑いを取り入れるという、いわばオキテ破りの方法を用いることで、コミュニケーションを活性化し、クラスの参加者が自発的に参加しやすくなる学習環境をつくることを提案しました。それは、具体的には「笑える活動」「授業のやり取りを笑いにつなげるわざ」によるものです。

　笑える基盤を作り、共感したり驚いたり、感情を表出しながら大いに笑う。そのことが、評価の対象として見られがちな教室という場が生む不安を緩和し、日本語学習という同じ目的を持って集まった共同体のメンバーとして助け合う環境を作り出してくれることを願っています。

参考文献

生田好重（2008）「英語教育における効果的な英単語記憶方法の開発への試み —英単語の記憶保持に肯定的感情が及ぼす効果から—」『近畿大学短大論集』41(1), pp.47-57.
板村英典・池信敬子・降旗真司（2010）「「笑い」のトリオン・モデルと社会的リアリティの構成—「政治バラエティ番組」にみる信頼と不信のネットワーク力学—」木村洋二（編）『笑いを科学する —ユーモア・サイエンスへの招待—』pp.189-202, 新曜社.

糸井重里（監）・ほぼ日刊イトイ新聞（編）『金の言いまつがい』新潮社.
尾﨑明人（2002）「日本語教師のエンカレッジメントとディスカレッジメント」細川英雄（編）『ことばと文化を結ぶ日本語教育』pp.188-203, 凡人社.
斎藤孝（2004）『偏愛マップ―キライな人がいなくなる コミュニケーション・メソッド―』NTT出版.
白石よしえ（2012）「なぜ、予備校の教室には「笑い」が必要か―笑いが予備校での学習に効果をもたらすメカニズムを動機づけスタイル理論：反転理論から考える―」『笑い学研究』19, pp.128-140.
瀬沼文彰（2008）『笑いの教科書』春日出版.
中村平治（1996）「発話行為としての笑い」『福岡大學人文論叢』27(4), pp.1787-1805.

参考 URL

第一生命「サラリーマン川柳」http://event.dai-ichi-life.co.jp/company/senryu/index.html
（2016年3月16日参照）

謝辞

　本章「2.1 いいまちがい」の問題作成にあたり、ネタの提供に快くご協力くださった、くろしお出版編集部の市川麻里子氏、坂本麻美氏、この本の執筆メンバー諸氏に、心より感謝申し上げます。

第3部

第6章 感情をシラバスにする
学習者が自分の気持ちを伝える活動

古川敦子

> **質問**
>
> 中級から上級の学習者を対象とした会話のクラスを担当することになりました。学習者に必要な場面や機能の会話、学習者が興味を持つような話題の会話を練習しようと思いましたが、学習者からは「友だちとおしゃべりできるようになりたい」という声もあがっています。クラスでおしゃべりを教えることはできるのでしょうか。また教えるのに、何かいい方法はありますか。

> **回答**
>
> 初級の学習を終え、ある程度日本語でコミュニケーションできるようになると、○○のために必要な日本語を学ぶだけではなく、日本語でのおしゃべりを楽しみたい！と思う学習者は多いでしょう。そういうニーズが高いのであれば、授業で積極的におしゃべりを取り上げることも可能です。ですが、ただ漫然と雑談しているだけでは授業になりません。また、学習者全員が満足するような教材や活動を毎回工夫するのも教師に大変な負担がかかります。
>
> そこで、会話を教えるのではなく、学習者の言いたいことを引き出すことを考えてみましょう。本章では、嬉しい・悲しい・驚くなどの「気持ちを伝えること」を学習項目にした感情シラバスを紹介します。授業では学習者がテーマとなる感情に関連した自分の話を他の学習者に話す活動をします。学習者にとって、言いたいことが日本語で表現できる機会になります。

1. 教室活動の概要

1.1 「感情」を授業で取り上げる

私たちが日常で交わす会話には、少なからず感情が含まれています。身近な、親しい人と出来事や経験したことを話すときには、こんなことがあって、こんなことをして、どう思ったかということを、様々な言葉や言い回しで、もちろん表情やジェスチャーも交えて伝えています。伊藤他（1994）では、人は出来事の中で自分が感じたことを親しい友人や家族に語り、共有してもらいたいと思う傾向があるこ

と、そして他者に自分の気持ちを語ることは、社会関係の形成・維持にも役立つことが指摘されています。自分の感じたことを伝え、また相手の感じたことを理解することは、コミュニケーション上も大きな役割を果たしていると考えられます。

ところが、外国語学習では、情報を正確に、効率的に、論理的に伝えることや、問題解決や目標達成のためのことばの使い方を学ぶことが中心的な課題になることが多く、感情を自分らしく表現するという活動は、どちらかと言えば付随的に扱われることが多かったようです。「おしゃべりのようなくだけた感情表現や会話は、教室外で友だちと話していれば身につく。授業では、学習者にはもっと必要なことを教えるべきだ」、このように考える教師もいるでしょう。これは日本語教育の世界で暗黙のうちに共有されているオキテかもしれません。

しかし、感情を伝えることが日常生活で頻繁に行われているのであれば、自分の気持ちを伝える活動を中心とした授業があってもいいのではないか、私は同僚教師と2人でこのように考えていました。ちょうど中級〜上級の会話授業を担当することになったので、そのクラスで感情をシラバスとし、「気持ちを伝える」というオキテ破りの授業実践を試みました。

1.2 感情を語る授業で目指すこと

本章で紹介する感情シラバスの授業では、以下の2つを中心的な活動とします。

①感情を自分らしく語ること

言語の規範的な使い方の習得より、話し手が自分の気持ちを自分らしく語ること、自分の感情にぴったり合う表現を使うことを大切にします。

②自分の経験や、その時の感情を友だちと共有すること

経験や感情を伝えるだけではなく、学習者同士が互いに聞き合い、話し合うことで、相手についてより深く理解することを目指します。

1.3 感情シラバスの授業構成

実際に感情をシラバスとした授業をどのように構成すればいいのでしょうか。どの感情の何を学習項目とするかは、基本的に学習者次第です。学習者が話したいこと、話しやすそうなことを優先させて、「嬉しい」「寂しい」などの感情を1つずつ学習項目として自由に組み立てることができます。例えば、東樹・古川(2005)では、留学生へのアンケートや、小笠原(1991)、有賀他(2001)などを参考にして、以下の感情を学習項目として選んでいます。

> ①緊張する、②驚く・あきれる、③怒る、④泣く、⑤安心する、
> ⑥笑う、⑦不安・心配・恐怖、⑧悔しい、⑨嬉しい・喜ぶ、
> ⑩困る・悩む・迷う、⑪夢中になる・熱中する

　④の「泣く」は、厳密には直接感情を表す語彙ではありませんが、「嬉しい、悲しい、悔しい、感動した…」などの複数の感情と関わりを持つものです。このように、学習項目を自由に設定することも可能です。同様に、絵本や映像等を素材として、学習者が感じたことや似たような経験を語っていくという方法もあります。同じ素材を使っても、学習者によって異なった感情が表現されることがあり、話題が広がります。

　いずれの場合も、授業では学習者の語りと、学習者同士の自由な話し合いが中心になります。ただし、最初から全て学習者に任せて、急に「はい、じゃ、皆さんが驚いたことを話してください。どうぞ！」と言われても、テレビのサイコロトークのようにはなかなか話し始められません。

　そこで、まずは学習者が自分のエピソードや気持ちを語りやすくなるようなきっかけを提供します。教師の準備はここだけです。学習者が自分のことを話し始めたら、教師は聞き役に回ります。次節では、留学生などの成人を対象とした授業と、子どもを対象とした授業の例を紹介します。

学習者が自分らしく感情を語る授業の例
　（1）留学生を対象に：
　　　ワークシートを使って、「驚く・あきれる」「泣く」をテーマに語る活動
　（2）子どもを対象に：
　　　「福笑い」の顔を使って、様々な感情を想像して語る活動

2. 教室活動の実際
2.1　留学生を対象とした気持ちを伝える授業

　ワークシートを使って、学習者が感情を語る授業の例を紹介します。

(1)「驚く・あきれる」「泣く」をテーマに語る活動

《目　的》	自分の経験や、その時の気持ちを相手に伝えること 他の学習者の話を聞いて、その気持ちを理解すること
《レベル》	中級以上

第6章 感情をシラバスにする

《時　間》　90分

《人　数》　5〜6人以上が望ましい（多い場合はグループに分ける）

《手　順》

時間	活動概要	留意点
20-30分	[導入] ・ワークシートを用いてテーマとなる感情を表す語彙や表現例を紹介する（ワークシート例①②を参照）。 ・テーマとなる感情について学習者が知っている語彙や表現も挙げてもらう。 ・その感情に関するエピソードについて聞く。	・語彙や表現に触れながら、学習者がその感情に関する話を想起できるよう、ウォーミングアップ的活動とする。 ・できる限り学習者の自発的な発話を待つ。
10分	[使用例の紹介] ・ワークシートにある感情を伝える会話の例、メールの例、短い読み物などを確認する。 ・学習者同士で役割を演じるように、登場人物に合わせて声色や速さを変えてみたり、気持ちを込めて読んだりする。	・友達への伝え方の例として紹介する。 ・会話例やメール例に、同じ人物を繰り返し登場させ、ストーリーをつなげると、学習者もなじみやすく、楽しめる。
10-15分	[学習者が話す準備] ・その感情に関するエピソードをもとに学習者は、自分が感じたことや経験したことを伝える準備をし、発表のための簡単なメモを作る。 ・教師は学習者の準備に個別に対応する。	・p.117のようなメールを書かせる活動も面白い。 ・正確な日本語を教えることを目的にするのではなく、その学習者らしさが表せる表現を優先する。
30-40分	[全体でエピソードを共有] ・口頭で発表してもらう、または、学習者が書いたメモを投影して全員に見せながら発表する。 ・内容について互いに質問したり、感想を話し合ったりする。	・人数が多い場合は各グループで発表するが、最後に全体で共有する時間を取る。 ・発表者と似たような経験をした人や、別のエピソードを思い出した人がいたら、適宜発表してもらう。

ワークシート例と学習者の作成例

「驚く・あきれる」「泣く」の2つを例に、授業で使用するワークシートと、学習者の発表例を紹介します。ワークシートの語彙や表現紹介は学習者の語りの刺激として使います。答えが複数になることもあります。

[ワークシート例①] ～気持ちを表す表現～「驚く・あきれる」

・驚いたとき、何と言いますか？（例：うそーっ！）

・「驚く」「あきれる」を表す表現で、他に知っているものはありますか？

1.「驚く」表現
  ・[　]に入る言葉はどれでしょう？　右の□□から選んでください。
    ① [　　／　　] を疑う（2つ入ります）
    ② [　　　] をぬかす
    ③ [　　　] を巻く
    ④ [　　　] を飲む
    ⑤ あいた [　　　] がふさがらない

    | 頭 | 腰 |
    | 口 | 目 |
    | 息 | 舌 |
    | 耳 | 手 |

  ・こんなとき、あなたは①～⑤のどの表現を使いますか？
    a) 山道を一人で歩いていたら、突然、熊が出てきた …（　）
    b) 子どもが急に道路に飛び出し、「危ない！」と思った …（　）
    c) 彼はすぐ飲みすぎる。何度注意しても会社に遅刻する …（　）
    d) 散歩中、一万円の札束を見つけた。信じられない！…（　）
    e) あの子は5歳なのに、モーツァルトを完璧に弾ける …（　）

  ・あなたの国の言葉に、似たような表現はありますか？

2. 「○○とする」

　　① ぎょっ　② ぞっ　③ はっ　④ ひやっ

・あなたは、(　　)に①〜④のどれを入れますか？
　a) 友だちに「この部屋は幽霊(ゆうれい)が出る」と聞いて(　　)とした。
　b) もう少しで階段から落ちそうになって(　　)とした。
　c) 窓の外を見ると、知らない人がのぞいていて(　　)とした。
　d) 別れた彼女によく似ている人を見かけて(　　)とした。

3. **びっくりした話**

> この前、朝7時半ごろ、すごい女子高校生を見かけました。学校へ行くところだと思うのですが、なんと、ふたが開いて、お湯が入っているカップラーメンを片手に持って、自転車に乗っているんです。パンやおにぎりを持っていてもびっくりしますけど、ラーメンとは……。どこで、どうやって食べるつもりでしょうか？　学校に着くまでに、食べ終わるんでしょうか？　彼女とすれ違う人はみんな目を丸くして、二度見していましたよ。

4. **会話例**

　カズヤ：昨日、実験終わった？
　ケイタ：終わらなかった、…途中でやめちゃった。
　カズヤ：えーっ？何で？先生に怒られるよ。
　ケイタ：だって道具を出してたら、隣(となり)の部屋から音がするんだよ。見に行ったらさ、急にバーッとねずみが顔の前に飛び出してきたんだよ！「ギャーッ」って言って、そのまま走ってうちに帰っちゃった。
　カズヤ：ええー！そのねずみ、まだいるのかな…。

学習者が作成した会話例（一部抜粋）

学習者が作成した会話例「驚く」①
A：今日、本当にびっくりしたよ。
B：どうしたの？
A：電車の中で、女子の高校生の化粧を見たら、ぎょっとした。
B：どうして？
A：厚い化粧でさ、顔が白くて、目の周りが黒くて、本当にパンダみたい。
B：それは、面白いじゃない。
A：マジで、町でパンダを見ちゃったよ。

学習者が作成した会話例「驚く」②
A：昨日、大学へ来るとき、自転車に乗るのが下手で、後ろの車が見えなくて、ひかれるところだったの。
B：えっ、あぶないよう。
A：それでね、びっくりして、転んでしまった。
B：ああ、大丈夫？
A：ええ、大丈夫。車から降りてきた運転手さんに、助けてもらって。
B：やさしい運転手ね。
A：それでね、かっこいい人でね、ドキドキした。
B：あー、なるほど。

その他の活動例：日本に来てから驚いたことを話す

　留学生は自分の国との違いに驚いた経験を豊富に持っています。ある留学生は「日本ではスーツを着て走る大人がいることに驚いた」と話してくれました。電車に乗っていた時、ある駅でドアが開いたとたん、スーツを着た大人が何人も走り出したのを見てびっくりしたそうです。「自分の国では走るのは子どもだけ。大人は走らないものだと思っていた」とのことです。この話は他の留学生からも共感を得られ、とても盛り上がりました。

[ワークシート例②] 〜気持ちを表す表現〜「泣く」

・あなたはどんなときに泣きますか？最近どんなときに泣きましたか？

・下の文を読んでください。（　）にどんな言葉が入ると思いますか？

> 引越しのために、部屋を片づけていたときのことです。一番下の息子(3歳)が、自分が生まれたころのアルバムを見つけて、写真を見ていました。「早く片付けたいのに！　散らかしたら困るなあ」と思っていました。でも、生まれたときに病院で初めて撮った写真、1歳の誕生日の写真、私に抱かれている写真を見た息子は、私を見上げて、「ママ、かわいがってくれて、ありがとね」と言ってくれました。まさか、そんなことを言ってくれるなんて。思わず涙が（　　　　　　　　　）ました。

1. 「泣く」表現
   ①涙ぐむ　②涙をのむ／こらえる　③号泣する　④目頭が熱くなる

2. 「○○泣き」
   A　嬉し泣きをした・嬉し涙を流した
   B　悔し泣きをした・悔し涙を流した
   C　もらい泣きをした

   例文Ⅰ　下線部に入るのは 上のＡＢＣのどれでしょう？
   例a）一生懸命練習したのに、代表選手に選ばれなかった。
   　　　家で、一人で＿＿＿＿＿＿＿＿＿＿＿＿＿＿＿＿＿＿。

   例b）第一志望の大学に２度目の挑戦で合格し、発表掲示板の前で
   　　　＿＿＿＿＿＿＿＿＿＿＿＿＿＿＿。
   　　　それを見て、一緒について来てくれた友達も＿＿＿＿＿＿＿＿＿＿。

3. すぐに泣く人の表現
①泣き虫　　②涙もろい人

4. 泣き方の表現 「○○泣く」
①えんえん　　②おいおい　　③しくしく　　④めそめそ

例文Ⅱ　どちらの表現が適当ですか？　○をつけましょう。

例 a) 普段大人しい父が、親友が亡くなったときは、声を上げて
　　［　おいおい　・　めそめそ　］泣いた。

例 b) 弟は、すぐに［　おいおい　・　めそめそ　］泣くので、
　　みんなに「泣き虫！」と言われている。

例 c) 子どもが転んで、大声で［　しくしく　・　えんえん　］
　　泣いている。

例 d) 部屋で静かにしていると、隣の部屋から女性が
　　［　おいおい　・　しくしく　］泣く声が聞こえてきた。

5. メールの文例

宛先：カズヤ
件名：泣いちゃったよ〜

　この前、カズヤが「いいよ」って言ってたあの映画、今日見に行ったよ、先輩と。恥ずかしいけど、泣いちゃったよ。ハンカチ、2枚使った。こらえようと思ったんだけど、目がウルウルしてきて、涙ボロボロだったよ。特に、ラストシーンはよかったねぇ。隣を見たら、先輩も涙ぐんでた。あの人も意外と涙もろいんだなって思ったよ。　エミ

第6章　感情をシラバスにする

学習者が作成したメール例

宛先：おうちゃん
件名：泣いちゃったよ

時間がはやく経った。いままで9ヶ月日本に住んでいた。今月、母の日、実家のお母さんに電話をかけた。お母さんの声を聞いたら、思わず、涙ぐんじゃった。それに、"日本の生活になれるかどうか、すこし太ったかどうか"などを聞いた、涙ポロポロだったよ。その時、とてもなつかしかった。おうちゃんは、母親と一緒に生活できる、うらやましいよ。

✧ときめき☆POINT✧

➡ お互いの気持ちを共有し、参加者同士の関係を深める

　感情を語る授業では、学習者が自分の経験を話し、普段なかなか言えない気持ちを発散してスッキリできます。また、他の学習者の経験や気持ちを聞くことで、お互いをより深く知ることもできます。

イマイチ授業とその対策

　学習者が自分の感情を語る活動では、怒る、不安、悔しいなどネガティブな感情も扱うので、いつも楽しく面白い話題ばかりが出されるとは限りません。
　例えば、学習者がこのような話をした場合、どのような対応が考えられるでしょうか？

昨日、アルバイトで嫌な思いをしました。店長はいつも、僕にだけ厳しくて、ちょっと失敗するとすぐ怒ります。他の人にはやさしいのに。昨日は日本人のアルバイトの人たちが僕のことを笑っているみたいでした。多分、僕の日本語がおかしいからかもしれない。これって、差別だと思います。泣きたくなりました。

　感情をシラバスにする場合、このような学習者の気持ちが語られることも想定しておく必要があると思われます。その場合、相手の話を聞いて理解しようとするコミュニケーション・スキルが求められます。ここでは、八木他（2001）を参考に、相手の話をじっくり聞くスキルについて考えます。以下のA〜Dの中に、あなた

が考えた対応に近いものはありますか？

 A 自分の意見を言う
  （例）「そんな人たち、気にしないほうがいいと思いますよ。」
 B 相手に同調する
  （例）「留学生にそういう態度を取る日本人もいますよね。」
 C 相手に同情する
  （例）「それはひどい店ですね。」
 D 相手の話を聞いて、自分が受け止めたことを確認する
  （例）「○さんは、日本人のアルバイトの人が笑っているのを見て、自分が笑われていると感じたのでしょうか。」

（八代他（2001）『異文化コミュニケーション・ワークブック』参考）

　A、B、Cは、日常の友人同士のおしゃべりでは、特に問題なく普通に行われているものでしょう。しかし、上記のケースではこのような対応が常にうまくいくとは限りません。聞き手は自分の体験・知識・価値観に基づいて話を聞いているので、話し手の気持ちをわかったつもりになってしまう可能性があるからです。このような場面で、教師がすぐに「わかりますよ」「そういうことは、よくあるんですよ」と言ったり、「そんなことはないですよ」などと否定したりしてしまうと、学習者は自分の言いたいことが十分に伝えられず、授業がイマイチになってしまうでしょう。次の授業にも影響が残ります。

　このような時、教師はまず聞き手に徹し、相手の話に耳を傾けて聴くことを心がけます。このような聞き方を「エポケー（判断留保）」と呼びます。「エポケー」とは、自分の判断や評価をいったん脇に置いて、相手の思いを慎重にとらえようとする姿勢を持って聞く方法です。Dのように「あなたの話や気持ちを私はこのように受け止めましたが、これでいいですか」と聞きながら、相手の気持ちを認識していくコミュニケーション・スキルです。つまりDの「○さんは、日本人のアルバイトの人が笑っているのを見て、自分が笑われていると感じたのでしょうか。」という問いかけは、単なる事実確認の質問ではなく、双方の理解の確認です。そして「もっと詳しく知りたい」という姿勢を示しています。

　相手を知ろうとするエポケー的姿勢で聞くことは、自分とは異なる文化背景を持つ相手とのコミュニケーションにおいて大変重要です。感情を扱う授業は、学習者の語りで成り立つ授業ですから、特に教師にはエポケー的な聞き方が求められます。

2.2　子どもを対象とした気持ちを伝える活動

　近年増加している外国人児童生徒にとっても、自分の気持ちを誰かに伝えることは重要だと考えられます。長谷部(2004)は、外国人児童にとって「友達とのつながりこそが充実した学校生活を送るための土台であり、そのつながりに向けての最初のステップは「私らしい私」を日本語で表現し、友達に知ってもらうことである」と述べています。

　ここでは、外国人児童の日本語学習を支援する大学生が共同で行った実践(北爪他2014)をもとに、「児童が気持ちを表現すること」を目指した45分の活動例を紹介します。このときは大学生4人が交代で教師役、3人が支援者役になりました。タイトルは、「福笑い」となっていますが、福笑いのゲームを、「どんな気持ちのときにこの顔になるか想像し、日本語で表現する」という活動にうまくつなげています。

　実践の場となった小学校は外国人児童が多く在籍しており、児童の日本語を支援するためのクラスが設置されています。1年生から4年生まで、約15名の児童がこの活動に参加しました。

(2)「福笑い」

《目　的》	「福笑い」で作った顔が、どのような気持ちを表しているか考え、日本語で表現する
《レベル》	問わない
《時　間》	45分
《人　数》	1人の場合は教師と2人での活動も可能。人数が多い場合は3〜4人のグループに分けて活動する。
《準　備》	・見本掲示用の福笑いシート 　（顔の輪郭を描いた模造紙、顔の部位(目・鼻・眉毛・口)） ・グループ用の福笑いシート（グループ数分） 　（見本提示用と同じ顔をA4〜A3用紙に描いたもの、顔の部位） ・目隠し用のハンカチ ・顔の説明を書くワークシート、または児童のノート

《手　順》

時間	活動	留意点
15分	[導入] ・「福笑い」というゲームをすると紹介し、使うことばを確認する。 ・黒板を使って、教師が福笑いのやり方を2回示す。教師は目隠しをして、児童に「これは何?」「どこ?」と問いかけながら進める。 ・完成した顔を見て、「どんな顔?」「どんな気持ちの顔だと思う?」と問いかけ児童に考えさせる。	・顔の部位のことば、位置のことばを児童と一緒に確認し、「眉毛は目の上」「口は鼻の下」等、児童が言えるように支援する。 ・最初は笑っている顔、次は怒っている顔を作るようにする。児童がよく知っている人の顔に似せた顔にするとさらに盛り上がる。 ・単に「楽しい」「怒っている」だけではなく具体的な場面を言えるように児童に問いかけ、支援する。
20分	[グループ活動] ・3～4人のグループになり、福笑いをする。グループ全員で顔を1つ完成させてもよい。 ・完成した顔を見て、その顔の時の気持ちについてグループで話す。 ・一人ずつワークシートまたはノートに記入する	・グループを編成する際は児童の学年や日本語レベルを考慮し、必要なグループには支援者がつく。みんなで声をかけながら福笑いをするよう促す。 ・児童が具体的な場面を言えるように支援する。 ・ワークシートへの記入を支援する。
10分	[発表] ・グループで作った顔を黒板前に並べ、発表を促す。 ・児童は全員の前で、どんな時の顔か発表する。	・福笑いで作った顔を全体で共有できるように示す。 ・児童の発話を支援する。発表ができたら、全員で拍手する。

《注意点》

・教師は児童の発話の引き出し役になる!

　ここでは教えることはちょっと脇に置き、児童の発話をよく聞きながら、児童の発想が広がるような問いかけをしていきます。

・児童自身が言いたいことを尊重する!

　児童が話したことが不完全な文であっても、あまり訂正はせず、まずは自分で気持ちを言うこと、みんなで聞くことを大切にします。

第6章　感情をシラバスにする

[福笑いシート]

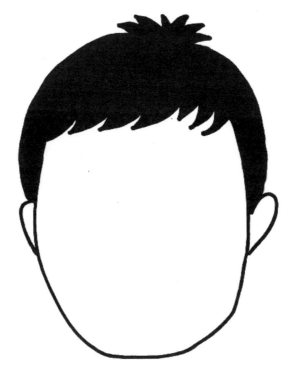

顔の部位（切り取って使用）

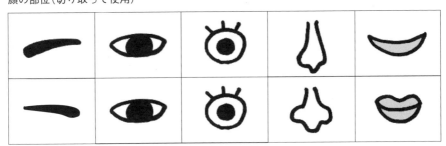

実際の授業の様子

・[導入] 福笑いの紹介

　福笑いを知っている児童は少数かもしれませんが、教師がやり方を示すとすぐに理解できます。

教師による福笑いの紹介（笑っている顔と、怒っている顔）

[グループ活動]

　小さいホワイトボードを使って、顔の部位の裏に小さなマグネットを貼り付けると、福笑いをしていても紙が落ちたりずれたりしません。一人が終わったら必ず褒め、どんな気持ちのときの顔か、児童一人ひとりに聞いていきます。

グループで福笑いに挑戦　「もっと右！」「違うよ、下だよ！」

[発表]

　いざみんなの前に出ると急に恥ずかしくなってしまう児童もいます。その時は教師がサポートし、その児童が言いたかったことを全員で共有できるようにします。終わったら全員で大きい拍手をします。

グループで完成させた顔

第6章 感情をシラバスにする

児童の発表の様子

児童の発表の例

悲しい顔。
　朝、私がマラソンで走って、負けちゃったときに、29番から33番で、泣いちゃった。

びっくりした顔。
　誕生日のときに、クラッカーを使って、びっくりした私です。

ちょっと悲しい顔。
　公園に行ったときに、友達がいないから、かなしい。
　一人で、ゲームをやった。

怒ってる顔。
　昨日の日曜日に、みんなで、悪いことをして、警察官に見つかった。それで、みんなは逃げたけど、僕だけつかまってしまった。　（※児童の想像による創作）

◆✦ときめき☆POINT✦◆

➡みんなの前で発表したい！という意欲が喚起される

　福笑いで児童のワクワク感をアップさせ、自分のことを伝えられたという達成感を得られると、発表でも積極的になります。普段はあまり発言しない児童もみんなにつられて「はい、はい！」と手を上げることもあります。

イマイチ授業とその対策

　児童の日本語のレベルは様々です。中には日本に来たばかりの児童や、日本語でまだ十分に表現できない児童もいるかもしれません。そのような児童に対しても、他の児童と同じことをさせようと教師が日本語の使用にこだわり、サポートしすぎてしまうと、「児童自身が言いたいことを表現する」という本来の目的からは外れてしまいます。せっかくの楽しい活動も、その児童にとってはイマイチになります。

　このような場合、もし児童の母語ができる支援員さんのサポートが受けられれば、母語で表現してもいいと思います。または、文ではなく、自分が知っている単語を断片的につなげて発表させてもいいでしょう。日本語の習得状況に左右されず、みんなと一緒に活動できること、自分の気持ちを自分なりに表現できることを優先していきます。

3. おわりに
3.1　気持ちを聞いてくれる相手がいること

　本章では、感情をシラバスにし、学習者が気持ちを自分らしく表現できるよう工夫をした実践例を紹介しました。

　うれしい気持ちやしあわせな気持ちは、それを言葉にして、だれかにつたえよう。それを聞いた人が、いっしょによろこんでくれると、あなたのうれしさは2倍にふえるんだよ！

　おこった気持ちを言葉にして、だれかに聞いてもらおう。どうしておこっているのか、わかってくれる人がいると、あなたのおこった気持ちは、半分にへるんだよ！

（森田 2003、p.12,14）

この2つの文は森田ゆりさんの『気持ちの本』という絵本からの引用です。この本には様々な気持ちをことばに表して人に伝えることの大切さ、そして相手の気持ちのよい聴き手になることの大切さが書かれています。

　外国で第二言語を学ぶ人にとっては特に自分の気持ちを聞いてくれる相手がいるという環境が、非常に大きな意味を持つと思います。感情シラバスの授業では、学習者にそのような環境を提供できることにも意義があると考えています。

3.2　授業を通して教師が得たこと

　従来型の授業では、私は授業に来た学習者にことばの意味や使い方という言語知識習得や運用方法などのお土産を持って帰ってもらうことに腐心していました。ところが、学習者の気持ちを自分らしく表現する授業では、学習者同士がお土産を持ち寄っている感じがしました。

　その他にも教師として多くの発見がありました。事例（1）の実践では、私の学習者の捉え方が変わりました。これまでは意識的ではなかったにせよ、「＊＊出身の○○大学大学院◎◎研究科　博士課程□年のAさん」「日本語学習歴□年で、日本語能力試験△級のBさん」というように、出身地、肩書き、数字などの目に見えるもので学習者を捉えることが多かったと思います。しかし、この授業をしたことで、学習者を「こんなことを感じているAさん」「こんな体験をしてきたBさん」と理解するようになりました。

　事例（2）の「福笑い」の活動では、普段は見られないような積極的な発話が、児童からどんどん飛び出してきました。日本語での表現が難しい児童も、ジェスチャーや物を使って一生懸命伝えようとしてくれていました。この授業を実践した大学生たちも、「前よりたくさん話せている」「そんな言葉も知っていたの？」と児童の日本語力の伸びに気づくことができました。まさに教師も心ときめく活動となりました。

3.3　学習者と創る「○○シラバス」

　本来、シラバスは学習者のニーズ、レディネス、目標など、様々な情報を総合して選定されます。しかし、実際は既に学習項目が決められていたり、教科書の内容自体がそのままシラバスとして採用されていたりする場合も多く、既存のものを使うことが当たり前になっているのかもしれません。そのようなオキテをちょっと破り、学習者が学びたいことを中心とした「○○シラバス」を、学習者と教師が一緒に創っていくことも可能だと思います。

皆さんの目の前にいる学習者には、どのようなシラバスがときめくでしょうか？まずは、学習者の声を聞くこと、学習者を知ることから始めてみませんか。

参考文献

有賀千佳子・大渕裕子・桜木和子・桜木紀子・玉置亜衣子 (2001)『言葉の意味を教える教師のためのヒント集 —気持ちを表すことば編—』武蔵野書院.

伊藤正男・梅本守・山鳥重・小野武年・洼住彰文・池田謙一 (1994)『岩波講座 認知科学6：情動』岩波書店.

小笠原信之 (1991)「感情・心理」『日常生活の分野別 日本語表現便利帳』pp.26-45, 専門教育出版.

北爪絵梨香・高坂茉那・中林彩果・椛澤仁美 (2014)「日本語活動③福笑い」『日本語教室サポーター派遣プログラム 2013年度報告書』共愛学園前橋国際大学（日本語教師養成プログラム）, pp.44-49.

東樹和美・古川敦子 (2005)「「気持ちを伝える」ことを中心とした日本語学習の提案」日本語教育方法研究会 (編)『日本語教育方法研究会十周年記念論文集』pp.25-31, 凡人社.

長谷部展子 (2004)「日本語学校を紹介するビデオを作ろう—「私らしさの表現を通じて友達とつながる」ための日本語支援活動—」『日本語教育』121, pp.96-102.

森田ゆり (2003)『気持ちの本』童話館出版.

八木京子・荒木晶子・樋口容視子・山本志都・コミサロフ喜美 (2001)『異文化コミュニケーション・ワークブック』三修社.

第4部

活　動

第4部
第7章

「地雷」をあえて踏む
「地雷」が思考の壁を打ち破る

有田佳代子

質問

ある日の授業中、「領土」という新出語彙をきっかけに、イギリス人学生が中国人学生に「台湾やチベットは中国なの？」と聞いたところ、クラスが微妙に緊迫してしまいました。また、たとえば身体や心に障害がある人、経済的に恵まれない人等に対する無神経な発言が、学生たちから飛び出してしまうこともあります。このような問題の授業での取り上げ方について、どんな考え方があるでしょうか。

回答

多くの地域からの学生が集まる日本語教室には、さまざまな「地雷」が埋まっています。日本語教師養成講座などでもこうした問題はタブー視され、とりあえずは避けるべきだと考えられていることも、うなずけます。学習者と教師、学習者同士の一定の信頼関係がない段階で取り扱ってしまうことは、やはり危険だと言えるでしょう。

しかし、いつまでもそれをタブー視して避け続けるということは、結果として問題を「放置」し続けることにつながらないでしょうか（山本他2015）。その問題そのものを教材として授業で取り上げ、学習者の「社会を見る力」をあらかじめ鍛えておくという、新しい言語教育のあり方もわたしたちは知っておく必要があるでしょう。このような授業は、チョーク＆トークの講義式授業よりも、学習者が互いに話し合いながら個々人の意見を形成していくという協働学習が適しています。ここでは、協働学習のひとつの手法であるジグソー学習法を中心に、そこに、問題を自分に引き付けて考えるためのドラマ手法やワークシートを組み合わせた授業について紹介します。

1. 教室活動の概要

ジグソー学習法は、1970年代の人種統合政策によって混乱するアメリカで開発されました。自分とは異なる価値観や文化的背景を持つ人たちと、互いに協力せざるを得ないような状況をクラス内に設定し、それぞれがかけがえのない情報供給源

となり信頼し合わなければ学習が先に進まないような教室を作ろうとしたのです。教育によって人種的な差別や偏見の存在する社会を変革することを目指していたと言えるでしょう。インフォメーションギャップを利用した協働読解活動の基本的な授業構成は、次のようなものです。

基本的な授業構成

①**グループ作り**：3〜5人程度のグループを2つ以上作る。仲良しグループではなく人為的に作る。

②**読解用テキストをそれぞれに配布**：グループ内の人数分の種類の異なるテキスト（下図の場合テキストA〜D）を、グループ数分（下図の場合3グループ分）用意し配布する。種類の異なるテキストは、同一テーマのもの、あるいは一つの長いテキストを人数分で分割したものがよい。

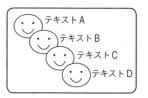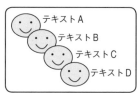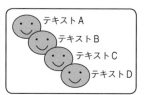

③**同じテキストを持っている人同士が協働して読む**：各グループから一人ずつ同じテキストを持っている人同士が集まり、語彙などを調べながら協働で学習し、発表の準備もする（エキスパート・グループ）。

④**元のグループに戻り、それぞれのメンバーが自分の担当部分を教えあう**：自分の担当部分はグループ内では自分しか知らず、またその他の部分はグループの他のメンバーから教えてもらうしかないために、メンバー全員が「なくてはならない存在」になる。

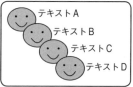

⑤**資料全体**について考える：「ピース」が揃って資料の全体像がわからなければできない作業を行う。内容把握のためのクイズや文章全体についての意見文を書くなど。

本章では、このジグソー学習法を用いて、タブー視（「地雷」視？）されがちな次のようなテーマでの教室活動を考えます。

(1) 少数者の体験を読む
(2) 論争上にある問題についての多様な意見を読む
(3) ナショナリズムについて考える

(1)「少数者の体験を読む」では、障害、性的少数者、民族、外見などを理由に、現在の日本社会で差別や偏見を受けた体験からの意見をあえて取り上げ、ジグソー法を用いて協働学習を設計します。
　(2)「論争上にある問題についての多様な意見を読む」では、和歌山県太地町のイルカ漁について読んでみます。ここでは、表面的な理解だけではなく教材から深く学ぶために、ジグソーのピースが揃ったあとに行う**ドラマ手法「ホットシーティング」**を紹介します。
　(3)「ナショナリズムについて考える」では、韓国人学生が書いたレポートを教材とし、ジグソー学習を用いた議論の材料とします。協働学習によって全体を理解した段階で、**ICEモデルとLTD学習という２つの方法を取り入れたワークシート**を用いて、より深く、自分に引きつけた読み方を目指します。
　先に述べた通り、このようなテーマは「地雷」とも言えます。「地雷」を踏むと、「炎上」する可能性があります。今までせっかく和気藹々と楽しい仲間としていっしょに勉強してきたのに、授業で「あの問題」を先生が取り上げたために、クラスの雰囲気が壊れて仲間との関係が修復できなくなってしまった、というような学習者の声があがってしまったら…。どうしたらこのような事態を避けることができるのでしょうか。これはほんとうに難しい問題で、ぜったいにこれだという回答は、残念ながらありません。そのときどきの現場の状況に合わせ、ぎりぎりのところで判断していくしかないように思います。ただ、次の点については、一般論として言えるのではないでしょうか。

* **ラポールができあがってから行う**：教室内に一定のラポール(教師と学習者、学習者同士のあたたかな信頼関係)ができあがってから取り扱う。
* **時宜に合わせて行う**：毎回毎回こうした問題ばかりではなく、そのときどきの時事的なニュースなどに合わせ、それと関連したものとして提示する。
* **教室内民主主義の醸成**：さまざまな考え方があることが当たり前で、そのうちのどれかを頭ごなしに否定する姿勢からは、友好や平和は生まれないということを、できるだけ多くの機会にクラスで確認し、そうした教室内民主主義を日常の実践の中で醸成しておく。
* **他言語習得の意義を繰り返し確認する**：ある問題について、ひとつの立場からではなく、できるだけ多様な立場からの意見や主張を知り、理解することが、他言語を学ぶことのひとつの重要な意義だということを、クラスのなかでことあるごとに確認する。
* **「笑い」もたいせつ**：できるだけ、気楽さ、気軽さ、楽しさなどを合わせ持ち、「笑い」が起こるような活動として、組み立てる。(☞第5章 参照)
* **仕掛けを作って考えさせる**：そのために、後述するような演劇的手法のひとつである「ホットシート」や、第8章で紹介されている「ロールプレイ」を応用して取りいれた活動を行う。たとえば、歴史認識問題が材料になったとき、日本政府の立場を中国人・韓国人学生が演じる、原爆投下の是非についての問題になったとき、アメリカ人学生に当時の日本人学生の役を、日本人学生にトルーマン大統領を演じてもらうなど、国際関係上の利害関係者がいる場合には、あえて自分と反対の役割を割りあてる。
* **複数ルーツを持つ学生に活躍してもらう**：ナショナルアイデンティティの問題が材料となったとき、近年日本語教室に増えている複数国家にルーツを持つ学生たちの意見を、積極的に取り上げて発言してもらう。もちろん自分のバックグラウンドを隠している学生、「出自」について語りたがらない学生もいて注意は必要だが、そんなことを隠す必要がないような教室を、まずは作っていくことを心がけ、自分のハイブリッド性をどんどん主張できるような教室にしていく必要がある。

2. 教室活動の実際

(1) 少数者の体験を読む

《目　的》	少数者としての視点から社会を考える／協働活動のなかで4技能を鍛える
《レベル》	初級後半～中級
《時　間》	120分程度
《人　数》	8人～20人（できれば4の倍数の人数。テキスト数を減らして3の倍数に変更可能）

《手順》

時間	活動	留意点
10分	[導入] ・教師からジグソー学習の紹介とグループ活動時の注意点を説明する。 ・グループ分けをし、テキスト1～4を配布する。	・差別を受けた経験があるか、学生に聞いてみる。 ・話すとき聞くときの視線、表情、態度、声のトーン、発言が一部のメンバーに偏らないことなどに注意喚起する。 ・人為的なグループ作り。
30分	・各グループから同じ資料を持った人同士が集まり、協働して読む。	・語彙の確認、内容・主張の確認→仲間にどう教えるか、工夫を出し合う。
30分	・各グループに戻り、それぞれの内容を教えあう。	・発表者が話し続けるよりも、やり取りをしながら理解を進める。
20分	・各自でワークシートの①～⑤まで記入する。	
20分	・再度グループになり、ワークシートの⑤をそれぞれのメンバーが発表し、それについて意見を述べあう。	・ひとりの発表について他の全員がコメントするように指示する。できるだけ自由に議論できるようにする。
10分	・ワークシートの⑥を記入する。	

テキスト1

　あなたは、ほかの人から「かわいそうだね」と言われたことがありますか。わたしは、このことばがあまり好きではありません。

　わたしの弟は、今、高校2年生です。彼は生まれたときから耳が不自由なので、ろう学校へ行っています。わたしたち家族はみんな手話ができるので、コミュニケーションはまったく問題ありません。弟はテニス部でほとんど毎日練習しているため、まっ黒に日焼けしています。デフテニス大会だけではなく、聴者との大会参加も目指しています。弟には、ろう学校の友だちはもちろん、聴者の友だちもたくさんいます。

　けれども、わたしはときどき、「弟さん、耳が聞こえなくてかわいそうだ

第7章 「地雷」をあえて踏む

ね」と言われます。そのときわたしは、とてもいやな気持ちになり、そういった人に対して「かわいそうじゃないよ!」ときつく言ってしまうこともあります。そして、そう言ったあとで、泣きたくなります。

あなたは、他の人から「かわいそうだね」と言われ、いやな気持ちになりませんか。もし言われたことがないなら、想像してみてください。わたしは、いやです。だから、わたしは他の人に、「かわいそうだね」と言うことも思うことも、できるだけしないようにしています。(学生の意見文参照)

テキスト2

わたしとミカと千春は中学時代の修学旅行で同じ部屋になって以来、ずっとなかよし3人組です。高校卒業後の進学先はそれぞれ別々で、わたしとミカはふるさとを離れています。それでも、日常的にネットでおしゃべりしたり、月に一度は3人で会ってほとんど一晩中笑い転げたり心配事を打ち明け合ったりして、たのしい時間を過ごしています。

でも、半年前、少しの転機がありました。ミカから「相談があるからふたりで会いたい」と連絡があったのです。実は、ミカはもうずっと前から苦しんできたのです。ミカは、自分が好きになる人は男の人ではなく、女の人であること、そして、千春のことを、ずっと前から、ことばにできないくらい大好きだということを、わたしに伝えてくれました。わたしたちは、ふるさとにいる千春にステキなボーイフレンドがいることを知っているし、ミカは自分の気持ちを千春に伝えることはないと言いながら、泣きました。

それからも、わたしたち3人組の楽しい時間は変わりません。でも、表面は明るくしているミカですが、わたしには彼女が苦しんでいることがわかります。わたしは今、ミカが千春に自分の思いを打ち明けてもいいのではないかと考えています。(学生の意見文参照)

テキスト3

わたしは今、アイヌ語を勉強しています。わたしの祖母はアイヌ民族なので、わたしには4分の1、アイヌの血が流れています。けれども、大学生になる今まで、そのことを知りませんでした。祖母は彼女自身がアイヌ民族であることを、つい最近までわたしに隠していたからです。

ゼミの課題レポートのために昨年行った祖母へのインタビューで、祖母はやっと話してくれました。小さいころ「アイヌの子」と言われていじめられ

第1部・教師論　第2部・表現論　第3部・感情論　第4部・活動論

たり、仲間はずれにされたりしたことがあったそうです。「自分の子ども（わたしの母）に同じ思いをさせたくない。だから、自分の血を少しでも薄めたい」と考えて、アイヌ民族ではない祖父と結婚したと聞いたとき、わたしは涙が流れました。ゼミのレポートを書く過程で、1万円札の福沢諭吉も、自分が作った慶應義塾大学の教員には、アイヌ民族が就任することを禁じたということを知りました。読んでいた本を叩きつけたくなるくらいに、理不尽を感じました。

　祖母の気持ちは理解できても、わたしは別の方法で生きていきたいと思いました。わたしは、祖母の、アイヌ民族の血も引くハイブリッドな人として、日本語と同時にアイヌ語も話せるように、アイヌの文化も次の世代に残していけるように、力を使いたいと思います。アイヌ語サークルの仲間が少しずつ増えてきて、わたしはこの活動に今はとてもわくわくしています。

（朝日新聞2009年7月2日「アイヌ民族　貧困の連鎖」参照）

テキスト4

　2015年度のミス・ユニバース日本代表に選ばれたのは、宮本エリアナさんです。ミス・ユニバースは、女性の美や知性、人間性などを競う世界大会です。宮本さんは、書道五段、趣味は大型バイクでのツーリングという、美しく活動的で、知性あふれた女性です。
　宮本さんのお父さんがアメリカ海軍佐世保基地に勤務していたとき、日本人のお母さんと出会い、宮本さんが生まれました。宮本さんは自分のことを「ハーフ」と呼びます。彼女がミス・ユニバースに応募したきっかけは、彼女の「ハーフ」の友人が「自分の居場所がわからない」と言い残して自殺してしまったことだそうです。宮本さんは「外見による差別をなくすために、わたしは出場を決意しました」と言っています。宮本さん自身も子どものころ、肌の色や髪の毛をからかわれ、クラスメートに同じプールで泳がないでと言われたそうです。実際に、宮本さんがミス・ユニバースに選ばれると、「日本代表にハーフを選んではダメだ」「日本人らしくない」などとネット上での批判もありました。
　日本には人種差別なんかない、ということを聞くこともありますが、残念ながら、まだそうは言えないようです。そして「ハーフ」というのは、半分という意味だから、ほんとうはとてもへんなことばです。でも、宮本さんのような人がわたしたちの社会にもどんどん増えてきて、「ハーフ」ということ

ばは使われなくなっていくのかもしれません。
(木村正人「ミス・ユニバース日本代表が問いかけた「ハーフ」の意味」 BLOGOS　http://blogos.com/article/115275/ 参照)

➡︎ **少数者の視点に立つと、社会と自分にハッとする**

　「自分が言われて嫌なことは、人にも言ってはいけない」などと、わたしたちは子どもの頃から躾けられますが、別の人の視点からものごとを考えようとすることは、実はそれほど簡単なことではありません。しかし、学生たち自身も、現在までのそれぞれの人生で「被差別」経験があると感じている人も少なくなく、「地雷」ではあっても比較的興味を引き起こしやすく反応がいいテーマです。「勉強のしがいがある」「議論する価値がある」として、多くの学生たちに積極的な授業への参加傾向が見られます。こうした授業をきっかけに、学生たちのなかで議論が起こり、もっと調べてみたいと思う学生が出てくることを願います。

[ワークシート]

① テキスト1の内容を簡単にまとめてください。

② テキスト2の内容を簡単にまとめてください。

③ テキスト3の内容を簡単にまとめてください。

④ テキスト4の内容を簡単にまとめてください。

⑤ 4つのテキストの内容を理解して、思い出したこと、気がついたこと、考えたことを書いてください。

⑥ 上の⑤について、もう一度グループの人たちと話し合ってみてください。仲間の話を聞き、自分の話をし、考えたことを書いてください。

第7章 「地雷」をあえて踏む

(2) 論争上にある問題についての多様な意見を読む

《目　的》	論争上にある問題についての多様な立場を知る／協働活動の中で4技能を鍛える／議論の際の説得的な態度や丁寧な修正・反駁（はんばく）方法などを学ぶ／論争上の問題についての自分の意見を形成する
《レベル》	中級後半〜上級
《時　間》	100分程度（＋授業外での意見文執筆）
《人　数》	8人〜20人（できれば4の倍数の人数。3の倍数に変更可能）

《手順》

時間	活動	留意点
10分	・教師から和歌山県太地町イルカ追い込み漁の問題について簡単に説明する。 ・映画『the cove』の予告編動画を観る。 ・グループ分けとテキスト1〜4を配布。	・水族館でのイルカショーを見た経験なども聞く。 ・話すとき、聞くときの視線、表情、態度、声のトーン、発言数が一部のメンバーに偏らないことなどに注意喚起する。
30分	・各グループから同じ資料を持った人同士が集まり、協働して読む。	・語彙の確認、内容・主張の確認→仲間にどう教えるか、工夫を出し合う。
30分	・各グループに戻り、それぞれの内容を教えあう。	・発表者が話し続けるよりも、やり取りをしながら理解を進めることを促す。
30分	・ホットシーティングを行う。	・演劇的手法のひとつで、学習者にテキストの登場人物になってもらい、他の人との質疑応答をしていく議論の方法。（p.141参照）
（外）	・イルカ追い込み漁についての意見文を書く。	・800〜1000字程度のものを宿題にする。

テキスト1　イルカ漁反対派（りょうはんたいは）の意見

　わたしは映画『the cove』の主演（しゅえん）・イルカ保護（ほご）活動家のリック・オバリー氏（し）の主張（しゅちょう）に賛成だ。和歌山県太地町（わかやまけんたいじちょう）で行われているイルカの追い込み漁は、すぐにやめなければならない。その理由を、以下の4点でまとめてみたい。

　第1に、イルカは高等動物で知能が高く、人間を慕（した）って集まってきたところを銛（もり）で何度も刺して殺してしまうことは、あまりにも残酷（ざんこく）だと考えるからだ。映画では、寄ってきたイルカたちを刺した血で、海が真っ赤に染（そ）まっていた。わたしは水族館でイルカの調教師の女性から話を聞いたことがあるが、イルカはわたしたち人間の心を読み、悲しいときには慰（なぐさ）めてくれるくらいに知能

が高いのだという。そんな動物をだまして殺してしまうのは、動物の権利という点から考えても、許されない。

　第2に、イルカは、鯨やパンダと同様にレッドリストに入る希少動物であり、生態系を守るためにも、絶滅危惧種の動物は保護されなければならないからだ。新潟ではトキを捕獲すれば警察に連れて行かれるし、中国でパンダを、ロシアでシベリアタイガーを殺せば、犯罪になる。イルカも、同様に守られなければならない。

　第3に、オバリー氏が主張していた通り、イルカなどの高等動物の肉には多くの水銀が含まれており、太地町のスーパーで売られているイルカ肉は、特に小さな子どもにとって非常に危険だからだ。たしかにイルカ漁は太地町の伝統的な文化に根差すものかもしれないが、そうした文化を守ることと、人間の子どもの命を守ることと、どちらが重要なのかを考えてほしい。言うまでもなく、子どもの命だ。

　第4に、この映画は隠されていたものを人々に広く知らせたという点で非常に意義があるからだ。わたしを含めて多くの日本人が、太地町におけるこのような漁があることを知らなかった。これは、当事者である漁師、県や市町村などの行政、さらには日本政府によって、わたしたち国民に対して隠されてきた事実である。海外のメディアによってこうした事実が明らかにされたのだ。憲法で保障された表現の自由、そして情報を得る権利という観点からも、このオバリー氏の主張に賛成する。

　これらの理由により、わたしはイルカ保護活動家オバリー氏の主張に賛成する。漁師たちにそのことを訴えると同時に、わたし自身もこの映画の存在を周りの人に知らせ、できるだけ多くの人が太地町で行われているイルカ漁の実態を知ることができるように、力を使いたい。

テキスト2　イルカ漁賛成派の意見

　わたしは映画『the cove』の主演・イルカ保護活動家のリック・オバリー氏の主張に反対だ。和歌山県太地町で行われているイルカの追い込み漁は、『the cove』の主張に負けずに、今後も続けられるべきだ。その理由は、次の3点である。

　まず、イルカ漁は日本の伝統的な文化であり、日本の国土・領海内で行っていることであり、他国の人々に非難されたり禁止命令を出されたりするようなことではないからだ。つまり、政治の世界において内政干渉がルール違反

であることと同様に、伝統的な文化に対しても、他文化からの干渉はしてはいけないことだ。太地町の人々は、昔からイルカ漁を行ってきて、骨も皮もすべて無駄にすることなく利用している。命をいただくのだから、そのための仏教的な供養もある。そして、何よりも、アイヌ民族がサケ漁でやったこと同様に、次の世代のイルカを残すための特別な方法で捕獲しているのだ。だから、生態系を破壊する危険はない。昔の人たちの長い経験から得た知恵は、非常に深いのだ。そうして昔から守ってきた大切な伝統を、外国人が非難するというのは間違っている。

次に、イルカは知能が高いから、かわいくて人間を癒やしてくれる動物だから殺してはいけないという論理が、わたしには理解できないからだ。欧米人が食べる牛や豚や羊は、イルカよりも知能が低いから殺して食べてもいいのか。牛や豚の屠殺も、実際には非常に残酷なことである。しかし、わたしたち人間はその肉を食べて力にしている。それは食物連鎖の一部であり、生きていくためにしかたのないことだ。残酷だからと言って、オバリー氏は何も食べずに生きていくことができるのか。

最後に、『the cove』が偏った観点から作られた政治的な映画であることだ。たとえば、戦争中に日本軍が負け続けていることを伝えなかった日本の新聞や、政府批判をしないメディアのようなものだ。「表現の自由」は、確かに大切だ。しかし、たった一つの偏った観点からのメッセージは、人々を簡単にだましてしまう。それは危険だ。また、行き過ぎた「表現の自由」は、規制されなければならない。たとえば、非常に暴力的な映像や猥褻な画像などは、どの国でも規制されている。したがって、『the cove』の内容も非常に偏ったものとして、規制されなければならない。

以上の理由により、わたしはオバリー氏の主張に反対する。イルカ漁をやめる必要はない。かつてのソウルオリンピックのとき、欧米人は韓国人の犬肉食を非難した。かわいらしい愛玩動物は食べるために殺してはならないというのである。このことについても、わたしはイルカと同様の理由で犬肉食批判に反対する。

テキスト3 オノ・ヨーコさんの意見

ニューヨーク在住の芸術家オノ・ヨーコさんは、太地町のイルカ追い込み漁に対して、反対だと言っています。オノさんのウェブサイト「IMAGINE PEACE」には、和歌山県太地町の漁師さんたちと日本の安倍晋三首相にあて

た、次のようなメッセージがあります。

　追い込み漁によるイルカの虐殺は、わたしたち日本人が何十年もかけて努力して作り上げてきた、世界の人々からの日本に対する尊敬の気持ちを壊してしまいます。特に、2011年の東日本大震災で想像を超える被害と原発事故を経験した日本は、現在、世界中の人々からの共感と支援を必要としています。また、国際政治上でも微妙に不安定な状況にあります。わたしたち日本人は、周辺の中国、ロシア、インドといった大国とそれらの国の子どもたちに対して、平和のために、暴力ではなくて強い愛情を伝えなければならない。そのような大切な時期なのに、太地町でのイルカ漁は、世界の人々の日本への憎悪や軽蔑を作り出すきっかけになってしまう。イルカの大漁を祝って食用にしたり、生け捕りにして水族館に売ったりすることによって、世界中の子どもたちが日本という国を大嫌いになるきっかけを作ってしまう。そして、日本の、国際社会での政治的・経済的な発言力を弱める原因となってしまう。オノさんは、こう考えています。

　つまり、太地町のイルカ漁は、日本という国にとって非常に微妙な時期に周辺国との関係を悪くし、わたしたちの安全を脅かすひとつの原因になってしまうのだから、どうかイルカ漁をやめてほしい、とオノさんは主張しているのです。

(http://www.afpbb.com/articles/-/3006905 参考)

テキスト4　和歌山県の見解

　映画『ザ・コーヴ』は、イルカ愛護の視点から描かれた作品で、世界には捕鯨やイルカ漁が行われている国や地域があり、これらの国や地域において、共通する地理的条件、歴史、経済、文化等があるにもかかわらず、ドキュメンタリー映画として、これらのことには何一つ触れられていません。

　現在、世界人口のかなりの割合が肉を食していますが、そのためには、例えば、大切に育てた家畜の命を絶たねばなりません。その際、その命を奪う行為としてと畜を行います。

　動物のと畜は通常、人目に触れないよう配慮されていますが、映画『ザ・コーヴ』は、こういった配慮に反してイルカの捕殺現場を隠し撮りし、命が奪われていく所をセンセーショナルに映し出しています。そんな隠し撮りを悪びれることもなく、むしろそのテクニックを誇らしげにストーリーに組み込んでいます。

さらに、「イルカ肉には 2,000ppm の水銀が含まれている。」など実際とはかけ離れた数値をもって、イルカ肉が汚染されていることを誇張した内容となっています。その他、「水銀汚染を隠すためにイルカの肉を鯨肉として販売している。」、「イルカが食肉となってることを人々が知らないのは、マスコミがもみ消している。」、「捕鯨やイルカ漁をやめないのは、日本の古典的帝国主義にある。」など事実を歪曲した内容も含まれています。撮影の方法、内容ともに問題のある許し難いものであります。

太地町のイルカ漁は、これまでも何度となく、海外からやって来る過激な動物愛護団体のターゲットとなり、漁業の妨害や精神的な攻撃を繰り返し受けてきました。国・県の監督のもと、法令規則を守り、昔から受け継がれてきた漁業を営んでいるだけであり、何ら批判されるものではありません。

この映画のように、一方的な価値観や間違った情報で批判することは、長いあいだ太地町でイルカ漁にたずさわってきた人たちの生活権を脅かし、町の歴史や誇りを傷つける不当な行為であり、決して許されることではありません。

（和歌山県農林水産部水産局　http://www.pref.wakayama.lg.jp/prefg/071500/iruka/）

ホットシーティング（ドラマ手法）をやってみよう！

1) エキスパート・グループ（同じ文献の人同士）での学習→元のグループでのそれぞれからのプレゼンが終わり、さまざまな立場の意見を理解したあと、自分はどの意見に近いかを考えます。

2) 太地町のイルカ漁漁師さん、イルカ保護活動家、オノ・ヨーコさん、和歌山県知事のそれぞれの人になってくれる学生を決めます。そのうちのひとりの学生が前に出てきて「ホットシート」に座り、その「役」になりきります。そして、他の学生からの質問に、記者会見のように答えていきます。自分の意見と近い立場の人の役になると、比較的スムーズに応答できます。でも、前述したとおり、あえて自分の意見とは反対の立場でホットシートに座って「記者会見」に応じてみると、反対意見の根拠について「そういうことだったのか……」と見出す可能性もありますので、それにチャレンジしてもいいでしょう。

たとえば、イルカ保護活動家がホットシートに座った場合、次のようなやりとりになるかもしれません。

質問：　牛や豚を食べるのとイルカを食べるのと、どう違うのですか。
答え：　牛や豚は絶滅の心配がありません。また家畜と野生動物の違いもあります。そして、知能が違います。イルカは人間に近く、心の病の人のためにセラピーもできるのです。
質問：　でも、牛や豚も殺される時には怖い、嫌だ、痛いと思うかもしれませんよ。それは残酷ではないのですか。
答え：　そうかもしれませんが、知能の高いイルカほどの恐怖感はもたないのではないかと思います。

　読解後のこうしたやりとりは、文章への理解、問題への理解を深めます。個人では考えつかない視点からの質疑応答を実際にその立場になりきって体験することによって、少数者の立場への想像力、主張形成、問題解決のための機動力などを育成します。

　上で見たような論争上にある問題は、たとえば、漫画『美味しんぼ』の福島第一原発での鼻血論争、リベラルアーツ教育の是非、育鵬社の公民教科書採択問題、集団的自衛権の是非など、日々の時事的な報道のなかで頻繁に現れます。また、定番の、死刑制度、移民受け入れ、安楽死問題、同性婚、臓器移植、愛国教育、原発問題など多くの題材があります。できればその時々のニュースなどで取り上げられているタイムリーで、より具体的なものを選んだほうが学習者を惹きつけます。

　こうした教材の探し方は、そんなに難しくありません。わたしたちの身の回りにあるさまざまな現象のなかで、自分の立場を決めるのに少し時間がかかるような問題は、多様な立場からのそれぞれに正当な根拠がある意見が存在します。手っ取り早いのは、新聞各社の社説の読み比べですが、これはとてもジグソー学習に向いています。そのための便利なサイトに、「社説比較くん」があります(http://shasetsu.ps.land.to/index.cgi)。たとえば、文部科学省が国立大学の卒業式・入学式に国旗掲揚・国歌斉唱を要請したことについての、毎日・産経・朝日・読売の各紙社説を、ジグソーで読み比べてみましょう(http://shasetsu.ps.land.to/index.cgi/event/2162/)。

　ただ、言うまでもないことですが、教師の立場を教条的に押し付けたり、また安易な「相対主義」を持ち込んだりすることは避ける必要があります。

第7章 「地雷」をあえて踏む

✧ ときめき☆POINT ✧

➡ 反対意見の根拠を知ると、別の世界が見えてくる

こうした論争上にある問題は、どれも簡単に答えの出ない難しい問題ですが、たいせつなのは、双方の主張の根拠を知るということ、そして、自分の意見に反対する人たちの立場に立ってみて、そこから反対意見の成り立ちの経緯を想像するということです。それを促すことは、すべての論争場面に通じる重要なコミュニケーションの力を育成する契機となります。その「仕掛け」の例として、ここではドラマ手法のひとつ「ホットシーティング」を紹介しました。

(3) ナショナリズムを考える

《目 的》	自身のなかのナショナリズムやステレオタイプについて見つめ、仲間と議論する／4技能を使って協働活動をする／議論の際の説得的な態度や丁寧な修正・反駁方法などを学ぶ
《レベル》	中級後半～上級
《時 間》	120分程度（＋授業時間外での意見文執筆）
《人 数》	5人～20人（できれば5の倍数の人数。4や3の倍数に変更可能）

《手順》

時間	活動	留意点
10分	・教師からジグソー学習の紹介とグループ活動時の注意。 ・グループ分けとテキスト1～5を配布。	・「ナショナリズム」ということばを知っているか、どういう意味かを確認する。 ・話すとき、聞くときの視線、表情、態度、声のトーンなどに注意喚起する。
30分	・個人学習　それぞれが自分のテキストを読み、ワークシートを記入する。	・この部分は宿題として事前学習を指示しておいてもいい。
30分	・各グループから同じ資料を持った人同士が集まり、協働して読み、理解する。	・すでに書き入れたワークシートをもとに議論する→グループに戻り仲間にどう教えるか、工夫を出し合う。
40分	・各グループに戻り、それぞれの内容を教えあう。	・発表者が話し続けるよりも、やり取りをしながら理解を進める。
10分	・グループでどんな議論があったかを、全体でシェアする。	・グループの代表者が発表する。
(外)	・ナショナリズムについて意見文を書く。	・1000字程度で宿題とする。

■ソン・ヒグンくん(韓国)の「ナショナリズムについて」

テキスト1

　僕が幼稚園に通っていたころ、父は日本に行くことになった。父の出発の夜、僕は日記帳に「お父さん、日本に行かないで。日本は韓国を侵略した国なのだから」と書いた。小学生になったころ、この小さな愛国者は、より急進的になった。僕はいつも日本と韓国の関係について熱心に語った。2002年のワールドカップのときも、僕は「ワールドカップの開催国は日本と一緒ではダメだ。韓国だけで開催しなくちゃいけない」と言い続けた。それに加えて、僕には先生からの支援もあった。先生は言った。「日本が韓国を36年植民地にしたのだから、われわれはあいつらを72年間植民地にしなくちゃいけないんだ」と。小さな愛国者だった僕は、その「悪国家」を地球上から除くために、命を捨てようとまで決意していた。僕は韓国をそれほどに愛し、そして、過去の争いのために日本を憎んだのだった。おそらく多くの人々は、このころの僕と似たような愛国心を持っている。その特徴のひとつは、自国を他国よりも上位に位置づけるということだ。僕は、この極端なナショナリズムの問題を、歴史、文化、政治、経済など、いくつかの側面から考えてみたい。それは、自分自身の韓国への愛国心を乗り越えるという目的だけではなく、この愚かな問題の解決の糸口を、たくさんの人々とともに考えたいと願うからである。

　過激なナショナリズムは、多くの国際問題の根本的な原因となっている。たとえば、2014年、ロシアとウクライナのクリミア半島をめぐる領有権争いは、軍事衝突に発展した。イスラエルとアラブ諸国の対立関係が生んだ果てしないテロと虐殺は、2014年だけで8月までに5000人の人々の命を奪ってしまった。この過激なナショナリズムの問題は、現在、世界中どこにでも存在するのだが、本レポートでは韓日関係に集中して考えてみたい。

テキスト2

　まず、韓国と日本の間におきた歴史上の確執のひとつは、16世紀末に10年近く続いた豊臣秀吉の韓国侵入(朝鮮出兵1592〜98)である。この秀吉の蛮行のために、何十万人もの韓国人が命を失った。もうひとつは、1900年代の日本による韓国の植民地化である。この2つの苦痛を原因とし、韓国は今も日本に対して敵対する気持ちを持ち続けている。特に、多くの韓国人は、日本政府が誠実に謝っていないと考え、そして日本政府が自分たちの悪行を隠すた

めに歴史を歪めていると感じている。一方で日本側は、韓国に対してできるだけのことをしてきた、特に経済的には十分に償ったと考えている。そして、何度も謝罪を要求する韓国人に対し、韓国が日本の経済を破壊したいだけだ、もううんざりだ、と感じている。加えて現在では、独島あるいは竹島の領有権問題も存在する。

両国間のこのような疑惑と嫌悪は、政治と経済の問題も引き起こし、問題をさらに複雑にする。両国の政治家は、互いの文化的風土を貶めることによって、権力を得ようとする。例えば、韓国の李明博元大統領は任期の終わりに独島に訪問した。この突然の行為は韓日関係を悪化させてしまったが、一方で彼の支持率は急激に上昇した。同様に、日本の政治家にとって靖国神社参拝は、典型的な票稼ぎの方法だ。政治家は、票を得るために愛国主義を乱用し、そしてその行為は両国の友好関係を破壊する。

また、こうしたナショナリズムは、経済的にも深刻な問題をひきおこす。実際に、政治的緊張がある時には、貿易量が著しく減少する。李明博元大統領が独島に訪問した後、日本と韓国の貿易取引は4％減少してしまった。また、最近の日本では、韓国ドラマも以前ほど放映されない。この国際的な緊迫のせいで、観光と文化的生産物が大きな被害を受けることになる。政治的な、そして経済的な要因が極端なナショナリズムに結び付けられ、結果として韓日関係は、より緊迫した状況に置かれてしまうのだ。

テキスト3

加えて、この極端なナショナリズムがひきおこす緊張は、教育にもはっきりと及んでいる。韓国でも日本でも、学校では愛国心の重要性を強調する。日本では、歴史の授業で、日本軍が韓国・中国をはじめとしたアジア諸国へ侵攻し数え切れないほどの命を奪ったという事実には、大きな焦点が当てられていない。しかし、日本が第二次世界大戦で失ったものに関しては強く語られ、まるで日本が侵略者ではなく犠牲者であるかのように描写されている。一方で、韓国では、歴史の授業は日本の侵攻に焦点が当てられ、復讐を強く望むように教えられる。実際は日本が、すでに謝罪しているにもかかわらず。前述したように、ある先生は小学校2年生のクラスで、韓国は日本を侵略しなければならないと教えたのだ。この教育のシステムは感情的過ぎるし、誤解を生んでしまう。この偏った教育システムの結果として、極端な愛国主義者のグループが作られた。今日では、このようなグループが新大久保でデモ

やヘイトスピーチを行い、ソウルの日本大使館前で日本の国旗を燃やす。これは彼らが、彼らの視点からみた物語しか知ろうとしないためである。

さらにはメディアも、この極端な国家主義の悪化を助長している。特に、メディアは隣国の少数派の極端な意見だけに焦点を当て、まるでそれが多数派であるかのように報道している。最近、韓国のニュースは滅多に日本の非武装デモを報道せず、代わりに新大久保でのヘイトスピーチを強調して報じている。日本のメディアもまた、両国の友好的な相互関係の代わりに、日本と韓国の衝突ばかりを報道する。

テキスト4

このように偏向した教育とメディアは、僕の信念に大きな影響を及ぼしてしまった。振り返ると、それは非常に破壊的だった。小さな愛国者として、僕は自分自身の人生さえ犠牲にし、この惑星から「悪国家」を消すための準備をしていたのだったから。

その後、大きな転機がおとずれた。僕は日本へやってきた。僕は国籍のせいで野蛮人たちが自分をいじめるだろうと思っていた。しかし、驚いたことに、彼らは僕をあたたかく迎え、だから僕は新しい環境にすぐに馴染むことができた。数ヶ月で、僕は日本人に対する自分のイメージが間違っていることに気が付いた。実際のところ、僕はあんなに平和であたたかな人々を見たことがない。そして、その数年後、父の日本人の友人である鉄兵さんが僕たちの家を訪れた。夕食後、彼は僕に「ヒグンの夢はなに？」と聞いたので、僕は「韓国の大統領になって、以前の日本が韓国にしたのと同じように、日本を韓国の植民地にしたい」と答えたのだった。すると鉄兵さんは、「復讐は正しいとは思わないが、日本が韓国にしたことは絶対に間違っていた。ヒグン、ごめんな」と言った。そのとき僕は、自分の耳を疑った。僕の日本に対する憎しみは、日本人の誰もが韓国に対して謝罪する意思を持っていないという「事実」がもとになっている。だったら、鉄兵さんはなぜ、小学生の僕に「ごめんな」と言ったのだろう。僕が信じてきた世界は、幸運にも、そのときから確実に崩れ始めた。

テキスト5

日本の公立学校に4年間通った後、僕はインターナショナルスクールに通うことになった。そこでの多元主義的な教育によって、僕は、自分の信念を

第7章 「地雷」をあえて踏む

別の視点から見られるようになった。例えば、日本と韓国が論争している独島についての研究レポートを書いたとき、僕は韓国人としてもともと持っていた先入観を取り除き、独島が日本の領域だと仮定することから研究を始めた。情報を集め、熟考と分析の後、盲目的な憎しみがもとになっている愛国心は、人類にとって決して建設的な思想ではないという結論を得た。

そして、もうひとつ述べなければならないのは、韓国人である僕は、徴兵され軍隊に行く義務があるということだ。戦争で誰かを殺すことを想像するとき、いや、それどころか憎しみのために人を殺すことを想像するとき、僕はことばにできないほど悲しく、そして激しい怒りが湧いてくる。

そうした思いがあるにもかかわらず、現実の世界にあって僕は混乱する。新大久保の街でヘイトスピーチを聞くたびに、また日本のウェブサイトで韓国への攻撃的なコメントを見るたびに、過激論者だけではなく日本と日本人全体を嫌いにならないでいることは、僕にとって難しいことである。しかし、さらなる幸運は、僕がキリストを受け入れたことであった。宗教を持つことによって、僕の愛国心の性質は、圧倒的に成熟した。

ナショナリズムに関する問題について感情的になる自分に気づいたとき、僕はいつも自分自身に問いかける。「もし僕が韓国人ではなく日本人だとしたら、同じことが言えるのか」。自分自身が相手の立場になったとき、僕の考えを聞いて決して快くはないだろう。たしかに、相手の立場に立てないことが、極端なナショナリズムの根源のひとつである。自らの立場を相手の立場に交換してみること、これこそ、憎しみの代わりに寛大な関係を促進してくれる方法であると僕は信じる。

ICE モデルと LTD 学習を取り入れたワークシートを使ってみよう！

ICE モデル とは、カナダの教育学者スー・ヤングが提唱する学習の評価方法です。教師から学習者に「注入」される基礎的な知識、暗記すべきことがらが「アイディア(I-idea)」、その基礎的知識(Idea)をほかのことに関連付けられるかどうかが「つながり(C-connections)」、そして、それをより高いレベルやほかの課題に応用できるかどうかが「応用(E-extensions)」です。基礎的知識 Idea は大切ですが、それはあくまでも外側からの情報だから試験が終わればすぐに忘れてしまう。結局は自分にとってその情報がなぜ大切なのかがわからないままだからです。学習者は新しい知識(Idea)を得て、その概念と今まで学んだ他の概念やすでに知っている知識と関連付け(Connections)、さらに「それにはどんな意味があるのか」「自分が世界を

見る見方に、どんな影響があるのか」というような質問に答えようとする（Extensions）とき、「ああ、そうか！」と気づく。この「ああ、そうか！」の瞬間を経験することによって、学んでいることに対して自分なりの意味を見出すのだといいます。

LTD（Learning Through Discussion）学習 は、個人での個別学習とグループでの協働学習を両方とも取り入れたものです。まず個人で次のことがらを自分のことばでまとめ、次にはグループで同様の点について対話をしながら学んでいきます。

① 語彙の理解
② 筆者の主張の理解
③ 取り上げられている話題の理解
④ 知識の統合（既存の知識や情報、または自分の体験との関連付け）
⑤ 自己への適応（自分の生活や信念や生き方や世界観への関連付け）
⑥ 課題の評価（読んだ教材に対する批判的かつ建設的評価）

ICEモデルでいうところのI（アイディア）は上の①②③に、C（つながり）は④に、E（応用）は⑤⑥に、それぞれ対応すると思います。

このICEモデルとLTD学習を応用し、もう少しシンプルな形で読解用のワークシートを作りましょう。少し難しいテキストの場合、協働学習の前に、自分に割り当てられたテキストを、個人個人がひとりで勉強するときに使ってもいいです。宿題として予習させてもいいでしょう。このシートを見ながら、授業中のエキスパート・グループでのディスカッションを行います。さらに元のグループでの協働学習でも、このシートを見ながらプレゼンとディスカッションを行います。

ワークシートは、たとえば、次のような質問に答えるものにします。

このようなワークシートを記入したあと、もう一度グループに戻って、ワークシートの1～5に記入したことについて、仲間とともに話し合います。

❖ときめき☆POINT❖

➡問題を「自分事」にして「あ、そうか！」と気づく

ジグソー学習で使う読解教材の内容を単に表面的に理解するにとどまらず、学習者が「ああ、そうだったのか！」と感じる、学習の深い達成感を得ることを目標としたいです。ICEモデルとLTD学習を取り入れたワークシートの使用は、学習者の「そうだったのか！」を引き起こす一つの方法です。

第7章 「地雷」をあえて踏む

[ワークシート]

1．よくわからなかった語彙を調べて理解してください。

2．テキストの内容と筆者の主張を自分のことばでまとめてください。

3．テキストを読み思い出したことはなんですか。あなたがすでに知っている知識や情報と、今回読んだテキストとのかかわりです。テキストの内容とまったく関係ないことでもかまいません。思い出したことを書いてください。

4．どうしてその知識や情報、体験などを思い出したのか、その理由を考えてみてください。自分の知識や情報がテキストの一部の内容と似ていたり、あるいはまったく反対だったり、あいまいなものがはっきりしたり、はっきりしていたことがあいまいになったり、そういう理由かもしれません。思い出した理由を考えてください。

5．この文献についてのあなた自身の意見や立場を書いてください。自分自身のことで思い当たることや考えたこと、自分の気持ちの変化をまとめてください。たとえば、過去と現在の自分の生活や行動、考え方などをふりかえり、感じたこと、思ったこと、考えたことをまとめてください。

3. おわりに

　「外国語を学ぶと視野が広がる」とは一般的にもよく言われることですし、わたしたち教師がよく使うクリシェでもあります。では、「視野が広がる」とは具体的にはどういうことでしょうか。外国語を使って海外旅行をしたり外国からの人々と交流したり外国語の本や記事を読んだり外国映画を原語で理解できたりすることも、もちろん私たちの視野を広げることにつながりますけれども、それだけではないように思います。バイラム (2015) は19世紀の教育学者フンボルトの「外国語を学ぶことは、それまでの世界観に新しい見方を得ることになる」ということばを引きながら、「外国語教育者にとっての課題は何よりも、視点を変えてみることのできる力と、当たり前とされていることに疑問を投げかけてみる力を伸ばすために、教育を実践することである」(p.21) と述べています。さらに、外国語学習は「自分自身の社会の外に目を向け、他者性〔社会学や哲学の用語で、自分にとっての常識や今までの経験からは想像できないような、他者のもつ固有性や異質性〕という体験、または他の文化の信条、価値観、行動様式の中に入っていくよう学習者を導く」(p.33) ための大きな役割を果たす可能性があるとも主張しています。つまり、自分が当たり前だと信じてきたことを客観視し、今まで考えてもみなかったような別の価値観や信条があることに気づき、自分と他者との間にある摩擦や対立を意識したうえで、共通の基準や妥協点を見出していけるような力を付けていくことは、外国語教育の重要な意義だという主張です。

　本章では、上述したような理念のもとに、差別の問題、政治や宗教、思想などとかかわるデリケートな、しかし、重要な課題(「地雷」)を、あえて日本語の教室で教材として取り上げる方法を考えました。本章の内容は文字通りオキテ破りです。信頼関係のある教室で細心の注意を払いつつ、信念を持って大胆に導入してくださることを望みます。

参考文献

有田佳代子 (2004)「日本語教員養成入門科目におけるジグソー学習法の試み」『日本語教育』123, pp.96-105.

スー・ヤング (2013)『「主体的学び」につなげる評価と学習方法―カナダで実施されるICEモデル―』東信堂.

マイケル・バイラム (著)・細川英雄 (監修)・山田悦子・古村由美子 (訳) (2015)『相互文化的能力を育む外国語教育―グローバル時代の市民性形成をめざして―』大修館書店.

安永悟 (2006)『実践・LTD話合い学習法』ナカニシヤ出版.

山本冴里・新井久容・有田佳代子・南浦涼介（2015）「日本語教室に表れる「想像の共同体」は，どのように再構築していくことができるのか —三つの実践に見えた可能性—」『2015 年日本語教育学会春季大会予稿集』pp.43-54.

渡部淳・獲得型教育研究会（編）（2014）『教育におけるドラマ技法の探究—「学びの体系化」にむけて—』明石書店．

参考 URL

木村正人「ミス・ユニバース日本代表が問いかけた「ハーフ」の意味」
 http://blogos.com/article/115275/ （2016 年 3 月 13 日参照）

映画「ザ・コーヴ」予告編　https://www.youtube.com/watch?v=k-g7WWYDJtQ
        https://www.youtube.com/watch?v=4KRD8e20fBo
                   （2016 年 3 月 13 日参照）

Yoko Ono「IMAGINE PEACE」　http://imaginepeace.com/archives/20166
                   （2016 年 3 月 13 日参照）

和歌山県農林水産部水産局　http://www.pref.wakayama.lg.jp/prefg/071500/iruka/
                   （2016 年 3 月 13 日参照）

社説比較くん　http://shasetsu.ps.land.to/ （2016 年 3 月 13 日参照）

謝辞

　本章での掲載に応じてくださったソン・ヒグンさん（KAIST 韓国科学技術院）、また、翻訳を引き受けてくださった長谷川達也さん、和田勇太さん、薫テイテイさん、金ヨヌさん、アファマド・サイードさん、板垣政太郎さん、北愛美さん、井上佳奈さん、庭野果菜さん、土屋ののかさん（以上、敬和学園大学）に、心より感謝申し上げます。

第4部
第8章

演じないロールプレイ
もっと自由に楽しく活用してみよう

―― 渋谷実希

> **質問**
> 会話の練習でロールプレイをさせるのですが、あまり積極的に演技に取り組まない学習者がいます。彼らも興味を持って参加できるようにするにはどうしたらいいでしょうか。また、ロールプレイの効果的な活用方法や、発展的な活動があれば知りたいです。

> **回答**
> 確かに、ロールプレイが盛り上がらないという悩みをよく聞きます。教師の方も、学習者にはさせるけど自分がするのは苦手、という方が多いようです。ロールプレイが敬遠されてしまう原因はどこにあるのでしょうか。私は、大きく次の2つがあると考えます。
> ①抵抗感がある:人前で演じるのが恥ずかしい、演技なんてしたくない。
> ②自分と関係ない:与えられた課題や役割が普段の生活とかけ離れていて、他人事にしか思えない。
> 「ロールプレイ＝役を演じる」からこその宿命です。ということは、これを解決するには、演じないのが一番の方法ではないでしょうか。ロールプレイなのに演じないの？　とお思いでしょうが、これはつまり、うまく演じる必要はないという意味です。私たちは、「ロールプレイは上手にリアルに演じなければならない」というオキテに縛られすぎていないでしょうか。ロールプレイの本来の目的は、いつか訪れる本番のために、日本語の表現や使い方を練習しておくことです。ですから大切なのは、上手な演技よりも、考えて練習する過程です。そのために、もっと自由に楽しくロールプレイを活用する方法を紹介します。

1. 活動の概要

1.1 参加しやすくする

クラスの中には実に様々なタイプの学習者がいます。人前で発表するのが得意な人、母語でも無口な人、皆を笑わせることが好きな人など、中には活動を面倒くさがったり、参加したがらない学習者もいます。

第8章 演じないロールプレイ

　特にロールプレイが敬遠される大きな理由の一つは、人前でお芝居をするなんて照れくさい、恥ずかしいという気持ちだと思います。ロールプレイでは、表情をつける大切さも説かれていますが、これを嫌がる人も多いものです。「もっとリアルに、感情を込めて」などとリクエストされたら、ますます、素人なんだから無理！と余計硬くなってしまいます。ここで私たちが忘れてはいけないのは、ロールプレイをすることの目的です。上手に演じることが大切なのではなく、ある状況で自分ならどうするか、日本語でどう表現したらよいかを学ぶ機会だということです。

　ですから、日本語が上手になるための練習としてロールプレイを活用し、恥ずかしがる学習者には「上手に演じる必要はない」「できることからやってみよう」と間口を広く低く設定して、取っ掛かりやすくする工夫をしましょう。具体的には、顔は見せず声だけで参加することで「恥ずかしい」という気持ちの負担を減らしたり、ゲーム性を持たせて参加したくなるように仕掛けたりするといった工夫です。次節で、3つの活動例をご紹介します。

(1)　パーッといきましょう（2.1 で紹介）
(2)　ロマンスポリス（2.1 で紹介）
(3)　声だけプレイ （2.1 で紹介）

1.2　自分を表現する

　ロールプレイをすると、学習者が無表情のまま、セリフを棒読みしていませんか？
　これはまさしく「自分は演じている」、「セリフを言っている」と思っているからに他なりません。学習者は日本語を自分と関連づけられないまま、"学習"と割りきった"演技"をしているわけです。

　もちろん、特に初級の学習者は表現をそのまま覚えることが必要な場合もあるでしょう。ですが人間が社会的な動物である以上、どこかで自分の気持ちを表現したいものですし、相手の反応がほしいと思うものです。日本語学習の場も、小さいですが一つの社会ですから、学習者にとっては自分の思いを伝え、互いを知るチャンスとなる場です。しかしロールプレイは、すでに目指す結果が決められており、そこに行きつくために使う表現も指定されていることが多いため、学習者の自由な発想の余地が狭められがちです。「これは私じゃない」と学習者が思うのも無理はありません。なぜなら、現実の世界で、私たちは自分で考え、結論を出し、それをどういう表現で伝えるかを選ぶことができるからです。

　その縛りを取っ払い、"演じてる感"をなくすためには、学習者に自分自身を表

す自由を与えることが大事になるでしょう。そこで、「演じないロールプレイ」というオキテ破りにつながる以下のような活動を紹介します。

(4) 学習者が設定を決めるロールプレイ（2.2で紹介）
(5) 宇宙人との会話（2.2で紹介）
(6) ほぼディスカッション（2.2で紹介）

2．教室活動の実際
2.1　参加しやすくする

照れ屋な学習者がいる場合や、活動が苦手なクラスは、抵抗なく参加できる活動から始めてみましょう。

(1) パーッといきましょう

これは、ゲーム性を持たせた全員参加型の活動です。

《特　徴》	会話をしながら、自分のパートナーを見つけていく
《目　的》	誘う／受ける／断ることができるようになる
《レベル》	初級～上級
《時　間》	30分程度
《人　数》	4人～20人程度(偶数が理想だが、足りない場合は教師が入る)

《学習者への指示例》

①今から皆さんにお金をプレゼントします。残念ですが、本物ではありません。ゲームです。今日クラスが終わってから、友だちとこのお金を使って遊びに行ってください。

②では、カードを配ります。ゲームが終わるまで、誰にもカードを見せてはいけません。自分一人だけで見てください。500円から5万円まであります。皆さん、このお金で、今日どんなことをするか考えてください。

③実はグループの中に1人だけ、あなたと同じお金を持っている人がいます。その人を探しましょう。でも、「いくらですか？」と聞いたり、「私は○○円あります」と言ってはいけません。「～ませんか？」と誘ってください。それを聞いて、自分とお金が同じぐらいだと思ったらOKしてペアになってください。違うと思ったら断ってください。

④ペアになったら、一緒に座ってください。でも、私が「いい」と言うまで、カードを見せてはいけません。

《手順》

時間	活動	注意点や工夫など
5分	・クラスを8人〜10人程度(偶数人数)のグループに分ける。ゲームは最後までそのグループ内で行うことを指示。	・20人クラスなら10人グループ×2、36人クラスなら8人×2グループ、10人×2グループ、というように。奇数の場合は教師も入る。
10分〜	・グループごとに、学習者一人ひとりに金額を書いた紙を渡す。 500円　1,500円 5,000円　15,000円　など ・ゲームのルールを説明。 (※学習者への指示は、前ページの例を参照のこと。レベルなどによって表現などは適宜変える。) ・ゲームの開始。	・それぞれの金額を2枚ずつ用意する。金額には幅があった方がよい。 ※この金額は1グループ8人の場合。10人なら、これに例えば50,000円のものを2枚加える。 ・物価の感覚が必要なので、海外の教室で実施する場合はその国の単位に合わせる。
1分	・全員がペアになり座ったら、カードを見せ合う指示をする。	
10分	・各ペアに、いくらだったか、どんな誘いをしたかを発表させる。	

　ペアを見つけるというタスクと、最後まで他人のカードが分からないというドキドキ感があるので、ゲームとしてかなり盛り上がります。クラス全員を巻き込むので、恥ずかしいなどと言っている場合ではありません。逆に最後までパートナーが見つからない方が恥ずかしいので、みんな必死です。活動が億劫な学習者にも、まわりが容赦なく質問してくるため、否が応にも反応しなければいけません。

　また、学習者の目的は、「〜ませんか」という表現を言うことではなく、パートナーを見つけることなので、学習者は棒読みではなく自然に自分で工夫した日本語を使います。さらに、このような形式にすると、少なくとも数回は誘いと承諾／断りの文を繰り返すので、いい練習にもなります。しかし、1回1回が本番なので、学習者はかなり真剣に話をします。「ランチを食べませんか？」と誘われたときに、幅を狭めるために「どこでランチですか？　学食ですか、吉野家ですか、ホテルのランチですか？」と、上手に質問を詰めていく強者もいました。また、例えば少ない予算の人が高級ディナーに誘われたりすると、断った後に「いいですねえ。お金持ちですねえ」などと、自然に感想を述べる様子も見られます。

(2) ロマンスポリス

これは、インプロ(即興演劇)手法の一つを参考にした活動です。

《特　徴》	学習者が演じるデート場面を、観察者3名(通称"ロマンスポリス")がチェックし、修正を加えながら理想のデート場面を作り上げていく
《目　的》	表現と行動の適切性について考える
《レベル》	中級〜上級
《時　間》	15分〜60分程度
《人　数》	5人〜20人程度

《手順》

時間	活動	注意点や工夫など
3分	・学習者の中から、「初めてのデート」場面を演じる男性1人と女性1人を選ぶ。同時に観察者兼コメンテーター(通称"ロマンスポリス")を3名選ぶ。	・参加者以外の学習者は、ロールプレイを見守るか、いくつかのグループをつくり、順番に演じてもよい。
10分〜	・演じ手2人には「約束した駅で待ち合わせをする場面」からスタートし、デートを成功させるという設定で、自由に演じさせる。観察者は演じ手の言動をチェックしていく。「初めてのデートを成功させる」ために相応しくないと思われる箇所、言葉や行動などで気に入らない箇所があった場合、「ピピピピピ」と笛の音を鳴らし、どこが良くなかったかを口頭で伝える。	・学習者同士が互いに「遠慮なく」コメントできる状態にあるかどうか、時期やクラスの雰囲気、学習者同士の関係などを教師が見極める。 ・普段からクラス内での一人一人の学習者の役割や打たれ強さ(弱さ)も把握しておく必要がある。
10分〜	・演じ手2人は、観察者のコメントに従い、言葉や行動を修正しながら演技を進めていく。	・「正解」「模範表現」のない活動であるため、方向付けが定まらず、予測がつかない。なるべく学習者の自由な答えを尊重し、必要なフィードバックのみ活動後に行うとよい。

次に、現場でのやりとりの一部を紹介します。

第8章　演じないロールプレイ

男性：Lさん　／　女性：Kさん　　ロマンスポリス：Aさん、Bさん、Cさん

デート場面を演じる学習者のやりとり	ロマンスポリスのダメ出し
[女性が待っているところに男性が到着する] L：あ、Kさん。遅れてすみません。 ―やり直し― [男性が待っているところに女性が到着する] K：こんにちは。 L：あ、Kさん。こんにちは。 K：遅くなってすみません。 L：いえいえ、わた、私来たばかり。ええと、昼ご飯を食べませんか。 ―やり直し― L：ああ。あー、Kさん、どうも。私来たばかりから大丈夫。あの、Kさん、お腹がすきましたか。 ―やり直し― L：ああ、そうっすねえ。Kさん、お昼は…もう食べ、食べましたか。 K：ああ、まだです。 L：そうですか。何が食べたいですか。	A：これ最初のデートでしょ。最初なのに男性が遅れるのは良くないですよ。 B：そうそう、ダメ。 （他の女性の学習者も口々に「ダメ」） C：突然すぎだよー。もう食べたかもしれないじゃん。変。 教師：お腹がすいていますか。 B：もう全然ダメ。 学生：決めておけよー。 学生：頭の中にプランがあって、それを相手に提案するー。それがいい。

この活動を通して私は、次のような効果を感じました。

①**学習者が進行を決める**：この活動では、与えられている課題は「デートをうまく進める」ことのみであり、そこに行きつくまでの過程も表現も全て学習者に任されています。学習者が自分で決める自由度の高い活動と言えます。さらに、相手や周囲からの反応を見て場面を進めていかなければならず、実際のコミュニケーションに近い活動と言えます。

②**自分のコミュニケーションを可視化する**：他者からのモニター機能が働くことで、自身のコミュニケーションをより客観的に、可視化しやすくなります。さらに、教師が文法や語彙など言語面でのチェックをすることで日本語の表現の学習にもなります。

③**自然なやりとり**：従来のロールプレイの中では、フィラーや相づちが自然に表れず、視線やジェスチャー等のノンバーバル・コミュニケーションもこわばりがちでしたが、このロールプレイでは学習者が自然にやりとりを楽しむ様子が見られました。

④**全員が参加したくなる**：この活動は、一応役割分担は決まっているのですが、特に女性の学習者たちのコメントが白熱し、最後の方にはクラス全員がロマンスポリスと化して、クラス全員を巻き込むことになりました。コメントをするためには正確に演じ手の言葉を聞き、行動を見ていなければいけないため、全員が非常に集中しました。

⑤**相違点を知る**：自分の価値判断のみで行動することは、その枠内でしか発想が生まれません。他者の価値基準や新しい言動を目の当たりにすることで刺激を受け、今までになかった選択肢が増えるのではないかと思います。このクラスは多国籍でしたが、国の文化を超えた共通認識の確認、逆に同国間での相違、性別間のギャップなどを知ることにもつながりました。

この活動を行うにあたって、教師は次のような注意点を頭に入れておいた方がいいでしょう。

注意点①：この活動は、クラス全員を敵に回してしまう可能性があるので、学習者同士に信頼関係ができているか、互いに何でも言える自由な雰囲気があるか、普段のクラス内で一人一人の学習者がどのような性格や役割を見せているかなど、様々なことを考慮に入れることが大切です。

注意点②：上記のテーマ以外にも、「デートに誘う」「メールアドレスを聞きだす」など、様々な場面設定で行うことができます。しかし、恋愛について扱うことが難しい場合や、LGBT（性的少数者）への配慮が必要な場合もあるので、全く違った設定も考えたほうがいいでしょう。（渋谷 2011）

(3) 声だけプレイ

この活動は、初級日本語教科書の第1課から取り入れることの可能なロールプレイです。登場人物が絵で示されており、そのセリフを言う"声だけロールプレイ"です。

《特　徴》	アニメの吹き替えのように声だけで演じる
《目　的》	学習項目の導入や練習などを全て終えたあと、それらを使って会話ができるようになる

第8章 演じないロールプレイ

《レベル》　　初級前半〜

《時　間》　　30分程度

《人　数》　　2人〜20人程度

> 会話例
> リン　：そうたさん、土曜日カラオケをしませんか。
> そうた：いいですね！だれが来ますか。
> リン　：ジョーさんとみのりさんが来ます。
> そうた：こうきさんも来ますか？
> リン　：こうきさんはアルバイトがあると言っていました。
> そうた：そうですか。残念ですね。

　この例では、「友達をある活動に誘う・誘いを受ける」会話ができることを目標にしています。会話文は、教師がオリジナルで作ることもできますし、使用している教科書の会話文をそのまま、あるいは一部を抜き出して使うこともできます。通常のロールプレイならば、次のようなロールカードを作って演じさせることが可能です。

> ロールカードA：リンさん
> 土曜日、ともだちとカラオケに行きます。
> そうたさんをさそってください。
> ジョーさんとみのりさんも来ます。
> こうきさんはアルバイトがあります。

> ロールカードB：そうたさん
> 土曜日はひまです。
> ①リンさんのさそいをOKしてください。
> ②だれが来るか聞いてください。
> ③こうきさんも来るかどうか聞いてください。

　しかし、今回のポイントは恥ずかしさをなくすことですから、このようなロールカードを使って人前で演じる形式ではありません。代わりに、次にあげる絵やパワーポイントを使い、吹き出し部分を考えて言う、"声優気分のロールプレイ"です。

《手順》

時間	手順	注意点や工夫など
3分	・教師は、一連の会話をいくつかに区切り、場面と会話内容が分かるように絵を用意しておく。場面と登場人物を説明する。	・教科書から抜き出す場合は、登場人物の絵を使うと分かりやすい。 ・会話を細部まで正確に再現させたい場合は、吹き出しに母語や媒介語でセリフを書いておく。 ・共通語がある場合は、それを使う。
7分	・学習者に絵を見せ、吹き出し部分を日本語で何と言うか考えさせる。	・ここでは特に誤用を直す必要はない。 ・難度を上げるなら、吹き出し内のセリフは書かず、ロールカードや絵で状況を想像しながら話させる。
5分	・場面が全て終わったら、もう一度最初から、今度はCDを流しながら絵を見せる。	・付属CDなどがあればそれを聞かせる。ない場合は、教師が聞かせる。
7分	・絵を最初から見せ、CDは無しで、学習者にセリフを再現させる。	・正解は一つではないので、②で学習者の出した中にもよいものがあれば、それも再確認する。
5分	・吹き出しのセリフを日本語で書いたものを見せながら、再度CDを聞かせる。	・字を見て確認することで、正確さを身につける。
5分	・最終確認として、絵を最初から見せ、学習者にセリフを再現させる。	・時間の余裕があれば、応用会話として、登場人物を実際にクラスにいる学習者に設定したり、学習者が遭遇しそうな場面に変えて行う。

絵の例(パワーポイントを使用の場合)

1

カラオケ

2

3

4

第8章　演じないロールプレイ

　最後の絵まで表現が出尽くしたら、もう一度絵を見せながら、テキスト付属のCDなどで正しい会話を聞かせます。学習者は、先に一度自分で表現を考えていますから、それが合っているかどうかが気になり、聞く姿勢は真剣そのものです。全員が音声に集中し、正解が分かるたびに「ああ、そうか！」「なんだ、そんな簡単な表現でいいのか」「当たっていた！　イエイ！」など、一喜一憂します。最初から音声を流す場合と比べると、正しい表現を吸収しようとする意欲が何倍も違います。

　人前で発表するのが得意な学習者には、この活動の後に演技を披露してもらうのもいいでしょう。学習者の様子を見ながら、難易度を変えるのがいいと思います。

✧ときめき☆POINT✧

➡役者魂を求めない

　ロールプレイへの苦手意識を減らし、日本語の練習に集中させるには、「ロールプレイ＝人前で上手にリアルに演じること」という思い込みをなくすことが一番です。目的は演劇の練習ではなく、あくまでも日本語の練習です。ですから、参加しやすい段階から入ったり、ゲーム性を持たせて楽しめる工夫をするといいでしょう。様々な形を工夫して、参加心地の良い雰囲気をつくってあげましょう。

　ロールプレイは、発表することだけが目標ではありません。クラスメートの発表をよく聞き、そこから新しい表現やコミュニケーションのありかたを学ぶことこそ、いい勉強になります。みんなで、気づいたことや疑問に思ったことについてコメントを言い合うのも効果のある参加方法です。私たち教師も、理想的な正解だけを見るのではなく、そこに至るまでの判断や、使われなかった言葉にも目を向けられるように心がけましょう。

2.2 自分を表現する

　他人を演じるのはどこか白々しく、自分の言葉とは思えないものです。そこで次はロールプレイを使って、自分を表現することに挑戦した例を紹介します。

(4) 学習者が設定を決めるロールプレイ

《特　徴》	学習者がバイト先で困った場面、友達との会話で行き詰まった場面などを出し合い、どう対処すべきか、どう表現すべきか考えながら行う
《目　的》	相手との関係をうまく保つためのコミュニケーション力を身に付ける
《レベル》	初級後半〜上級
《時　間》	30分〜90分程度
《人　数》	2人〜20人程度

　ある日、授業中に、MBA（経営学修士）コースの大学院生から次のような話題が出ました。

> 仕事が終わって私が帰るときに、同僚がまだ忙しそうに働いているとします。こういう時に、日本では先に帰るのは失礼ですか？

　全員に社会人経験があるうえ、修了後は日本企業への就職や、日本と関係のある仕事を希望している学習者たちですから、この問いかけにみんなが興味を示しました。私はそこで、簡単なロールプレイをさせてみました。一人は先に帰ろうとしている会社員役（A）、もう一人は残業をしている会社員役（B）です。まずは、以前自分の働いていた会社での場面ということでやってみました。

> 例1）　A：Bさん、お先に。
> 　　　 B：はーい、お疲れさまでした。また明日。
> 　　　 A：じゃあ、頑張ってね。

このように、あっさり終わってしまいましたが、自分の国ではお互いが残業をしていようが、全く気にしないとのことでした。それなら、日本の会社に就職した場面を想定して会話をしてみようということになりました。

> 例2）　A：Bさん、残業ですか。
> 　　　 B：うん、明日までの仕事がまだ終わらなくて。
> 　　　 A：大変ですね。何か手伝いましょうか。
> 　　　 B：大丈夫ですよ。気にしないで。
> 　　　 A：そうですか。じゃあ、お先に失礼します。頑張ってね。

今度は例1）よりも若干会話が長くなり、自分も手伝おうとする提案まで出てきました。他にも、コーヒーを入れてあげる、軽食の差し入れをするなど、同僚を気遣って何らかの行動をするという意見が出ました。自分が持っている日本企業のイメージの中で、うまくやっていくにはどうしたらいいかと試行錯誤する姿勢が見られました。

またある時は、「結婚後にお財布のひもを誰が握るべきか？　夫婦別々の銀行口座を持つことを、どうやって妻に提案したらよいか？」という切実な問題が出てきました。この時もロールプレイをさせましたが、妻役と夫役との間で、真に迫ったやりとりが繰り広げられました。

これらの活動は一見すると日本語の学習からはかけ離れているように感じるかもしれません。ですが、私は大切な学びがあると考えます。そもそも言語はコミュニケーションの一つの手段であり、相手との関係を築くための一つの方法です。初めての場所で、新しく出会う人々とどう向き合っていくか、大切な人たちにどうやって自分の気持ちを伝えていくかということが最終的な目標ですから、それを考える機会は大変貴重です。

ロールプレイはもともと、親子関係を見つめ直したり、上司が部下の指導を考えたりなど、人間関係構築を図るために利用されてきました。表現が先にあるのではなく、コミュニケーションの相手とその関係作りが先にあるわけです。学習者が必要とするリアルな状況で、人との関係を重視したロールプレイをすることは、理に適っていると言えるでしょう。全てをきちんと決めて、教師主導で行うべきという考えもあるかもしれませんが、教師が考える状況設定は、学習者の実際の生活を捉えきれていないものです。あり得ない設定を無理に与えるよりは、本当に実践的な場面を、身をもって体験している学習者にアイディアを出してもらう方が、よりニーズに応えられるはずです。

(5) 宇宙人との会話

《特　徴》	日常から離れた設定の中、自由に発想して会話する
《目　的》	相手との関係を築くための自分ならではの方法を探る
《レベル》	初級〜上級
《時　間》	15分程度〜
《人　数》	2人〜20人程度

学習者をペア(宇宙人と地球人)にし、以下のような場面を与えて自由に会話をさせます。

> 宇宙人が地球にやって来ました。
> あなたは地球人の代表で、宇宙人を案内します。
> どこへ行くか、何をするか考えて、宇宙人を誘ってください。
> 宇宙人は自分で考えて答えてください。

皆さんだったら、宇宙人とどんなことがしたいですか? どんなあいさつから会話を始めますか?

宇宙人と遭遇するなんて、ほぼあり得ない設定ですから、実際に使う機会はありません。でもそれだけに、自由に考える楽しさは格別です。「クラスの友だちと週末の約束をしてください」という現実的なタスクでは思いつかない発想が色々と出てくるのではないでしょうか? そうすると学習者の頭は、日本語の文型ではなく、誘いの内容の方にフォーカスが移ります。想像力や経験の豊かさ、アイデアなどが勝負ですから、俄然やる気を出して頑張る学習者もいます。想像力を膨らませると、言いたいことがたくさん出てくるので、新しい表現や言葉を自分から知ろうとする効果もあります。正解がないことも、このロールプレイの特徴です。その分、クラスメートの発想から得ることも多いでしょう。

小林(2010)によると、ロールプレイはもともと暗示学を理論的裏付けとする"サジェストペディア*"という教授法で「架空の状況や役割を設定し、自分自身でなくなることによって心理的に解放され、学習を促進する」目的で用いられた教室活動であるということです。もともとの意義を考えると、現実とはかけ離れた、全く架空の設定を演じてみるのも一つの方法です。「タイムマシンで10年前に戻れるとしたら、自分にどんなアドバイスをしますか」「世界の中で一番会いたい有名人に会ってインタビューすることになりました。どんな質問をしますか。ペアの人はその有名人ならどんな反応をするか想像して答えましょう」など、場面ストックを作っておくといいでしょう。教師同士でアイデアを出し合うと、さらにおもしろい活動ができそうです。

この活動は一見、(4)の事例とは矛盾しそうですが、見知らぬ相手と関係を築くための学習、自分自身の発想を大切にしてそれを表現する学習、という意味で目標

---

* サジェストペディアとは、ブルガリアの精神科医ロザノフが暗示学の理論を外国語学習に応用させた理論。学習への不安やストレスを取り除いて、できるだけくつろげる環境を作り、潜在能力に働きかけて言語習得を進める。→小林(2010)

は同じと言えます。

(6) ほぼディスカッション

もはや演じることを忘れ、自分の考えを伝えるディスカッション形式のロールプレイです。

《特　徴》	ある与えられた立場でディスカッションをし、課題を達成する
《目　的》	自分の考えや意見を伝える
《レベル》	中級〜上級
《時　間》	90分程度
《人　数》	4人〜20人程度（多いときは4人〜5人のグループに分けて行う）

《学習者への指示例》
皆さんは、この大学／学校の学園祭でミス〇〇とミスター〇〇を選ぶ審査員になりました。あなたの大学の代表としてふさわしいミス〇〇とミスター〇〇とは、どんな人でしょうか？
　① 話し合って、選ぶ基準を決めてください。
　② その基準に沿って選ぶには、どんな審査方法が考えられるでしょうか？　話し合って決めてください。

ここで学習者に与えられたロールプレイの役割はミスコンテストの審査員ですが、話す内容は結局自分の考えです。つまり、やっていることは、ほぼディスカッションです。そうすると、演技をしている意識はほとんどなく、普段と変わらない態度で意見を言います。私のクラスでは、次のような発言が聞かれました。

> A：この大学の代表にふさわしいって、どういうこと？
> B：やっぱり教養があるとか、専門を持っているとか、中身が絶対重要でしょ。
> C：それは分かるけど、外見は全く関係ないのかな？
> D：派手すぎない可愛さ、ぐらいかな…。
> A：それはどうやって決めるの？　結局見た目もきれいじゃないと、ミスコンテストにはならないんじゃない？

このように、かなり熱い議論が交わされていました。学習者の中には、ジェンダーや差別の問題に高い関心を持っており、「ミス〇〇コンテストそのものに反対」という人ももちろんいます。そんな彼らがミス〇〇を選ぶとしたら、「ジェンダー

差別の意識を高めるために、あえてミスコンに参加した人」「社会から一方的に決められた女性の枠を超えようとしている人」などがよいという意見で、きちんと自分の考え方を反映できていました。学習者に会話の流れを任せてみると、教師が思いつかないようなおもしろい会話に発展したり、深い議論に発展したりすることがあります。活動の自由度を高め、学習者の自由な発想を促すことで、クラスに真のコミュニケーションが生まれてきたのではないでしょうか。

　この活動からの流れで、次のような活動も紹介します。

《活動の流れ》
① まず、2015ミス・ユニバース・ジャパンに選ばれた宮本エリアナさんについて、写真とともに略歴を簡単に紹介します。「彼女は1994年、アメリカ人の父親と日本人の母親の間に生まれ、九州の長崎で育ちました。2015年にミス・ユニバース日本代表に選ばれましたが、父親がアメリカ人であること、外見が日本人らしくないことなどから、日本代表としてふさわしくないという批判が出ています。」
② 学習者に、ミス・ユニバース日本代表を決定する審査員という役割を与え、上の活動のように話し合いをさせます。

　以下は実際の学習者の発言例です。

> A：やっぱり、日本の代表なら日本人らしくないとダメだと思いますが。
> B：日本人らしいって何？　日本で生まれて日本で育ったら、完全日本人じゃない？
> A：でも、日本料理の代表を選びなさいって言われて、和風ハンバーグを選ぶのと同じではないですか。
> A：それは差別だろ。
> C：私も、日本代表は、お父さんもお母さんも日本人じゃないとダメだと思います。
> 　：

　このトピックは、個人のアイデンティティや民族意識に関わる問題なので、またさらに議論がヒートアップしました。日本人とはどんな人を指すのか、海外で育った日本人の方が日本人と言えないのではないか、コンテストが求めるのはいわゆる分かりやすいステレオタイプを持った日本人なのではないか、といった議論にまで発展しました。(☞第7章 p.134参照)

　ほぼディスカッションはディスカッションと違い、立場(役割)と達成課題が設定されています。あるトピックについて外側から客観的に意見を述べるのではなく、当事者の立場からアイデアを出したり、考えをまとめたりして、建設的な方向へ持っていく必要が出てきます。どちらも自分の考えを述べることになるのですが、

第8章　演じないロールプレイ

ほぼディスカッションでは、当事者になって意見を言う意識を持ちます。この活動がもし「ミス〇〇コンテストについて賛成ですか、反対ですか？」というテーマのディスカッションだったら、彼らはその理由や自分の意見を述べるだけに留まっただろうと思います。審査員という役割を与えられ、いやでも基準を決めなければいけなかったため、新しい発想が出てきたのではないでしょうか。普通なら絶対に立たない役割から発想できるという点で、ロールプレイには面白い効果があります。授業後、彼らから「これまで、こんなことを考えたことがなかったから、とても楽しかったです。でも色々考えて、やっぱりミスコンテストには反対です」という振り返りの言葉をもらいました。

他にも、このようなトピックで行いました。

① あなたは小学校の教員です。同じ学校で働く先生が、次のような提案をしました。「1年間、クラスの子どもたちとニワトリを飼育して、大きくなったニワトリを最後に食べたいと思います。命の大切さを教え、私たちが普段口にするものがどこから来るのかを教えたいからです。」
あなたはこの先生の意見に賛成ですか、反対ですか。どうしてですか？　みんなで話してください。

② あなたは中学校の教員です。この学校では、体育の時間に時々ドッジボールをしますが、ある学生から「ドッジボールは暴力的で、イジメの原因にもなるからやめてほしい」という意見が出ました。他の数人の学生も同じ意見のようです。教員会議で、どうするべきか話し合ってください。

私が担当したクラスには、様々なことに対して問題意識が高く、それについて堂々と意見を言う学習者が多く集まっていました。ですからディスカッションが盛り上がるのですが、そうでないクラスの場合には、役割に少し色をつけたり、立場を混ぜたりした方がいいかもしれません。例えば伝統を守る教師、過保護な母親…のように、イメージをつけると主張が出やすくなります。反対に、議論好きが高じて、相手をやりこめようとする学習者がいたり、生のイデオロギーを開陳し合うことで、人間関係がぎすぎすしてしまうこともあります。そういった場合は、ディベートのように自分の立場は一旦保留し、賛成・反対の役割を演じるという方法もあります（☞第7章 参照）。トピックについても、そのクラスの関心や様子によって工夫してみてください。

> ✧ときめき☆POINT✧
>
> **➡ 適度に子離れしよう**
>
> 　教師には、程度の差こそあれ学習者を想う親心があると思います。ですがその想いが強すぎると、まさに過保護状態に陥ってしまいます。学習者がせっかく自力で学ぼうとしているのに、その機会を奪ってしまったり、学びの種類をコントロールしてしまう可能性もあります。ロールプレイでも、教師が全てを取り仕切ることで、かえって学習者の学びの幅を狭めてしまうかもしれません。
>
> 　我々は普段、自分で状況を判断し、それに基づいて言葉を発したり行動したりしています。それを外国語でもできるようにサポートするのが教師の役目です。学習者が本当に伝えたいことや発想の自由を置き去りにすることなく、必要な部分はきちんと手助けするというバランスを大切にしましょう。

3. おわりに

　"おネエ"と言うと、皆さんはどんなイメージを思い浮かべるでしょうか？　メディアで活躍するタレントさんたちの影響で、言いたいことをズバズバっと、しかも明るく言いのけるイメージではないかと思います。以前同僚とおしゃべりをしていたとき、ふとしたきっかけでなぜか全員がこの"おネエ"口調で話し始めたことがありました。次々と遠慮なく辛口トークを繰り広げましたが、不思議とそれが嫌味に響かず、本音を楽しむおしゃべりへと発展しました。話し方が変わることで会話の内容が変わり、言葉の持つ印象まで変わることに驚いた記憶があります。私たちはそのとき、"おネエ"という役を演じながらの会話、まさにロールプレイをしていたわけです。形だけの真似事だったはずが、いつの間にか私たちからはどんどん本音が引き出され、素の自分が出てきました。これがロールプレイの持つ力なのだと思います。その後友情が深まったのは、このおかげだと言っても過言ではありません。

　私たちは普段、置かれた状況や相手との関係を考えながら内容を吟味し、使う表現を選んで話しています。しかも、1回限りのぶっつけ本番です。ということは、実際のコミュニケーションは、かなりの制約の中で行われているわけです。それに比べてロールプレイは、教室という安心して失敗のできる空間でやりとりされる、何でもアリの時間です。学習者の日本語の実力も、考えていることも、生の姿も遠慮なく出てきます。また、それを引き出せるようなロールプレイをしてこそ、現実

を見直すきっかけになるのです。「ロールプレイはこうあるべき」という枠に捉われず、自由な発想で活動したいものです。学習者には、どんどん失敗して、叩かれて、自分の力で試行錯誤していってほしいと思います。そうすることで、自分の伝えたい表現方法を獲得し、コミュニケーションの幅も広がっていくことでしょう。

参考文献

黒田恭史（2003）『豚のPちゃんと32人の小学生―命の授業900日―』ミネルヴァ書房.

小林ミナ（2010）『日本語教育能力検定試験に合格するための教授法37』アルク.

渋谷実希（2011）「あなたも私も幸せに」石黒圭（編著）安部達雄・新城直樹・有田佳代子・植松容子・渋谷実希・志村ゆかり・筒井千絵（著）『会話の授業を楽しくするコミュニケーションのためのクラス活動40』pp.199-204，スリーエーネットワーク.

外林大作（監）千葉ロールプレイング研究会（著）（1989）『教育の現場におけるロール・プレイングの手引』誠信書房.

高尾隆（2006）『インプロ教育―即興演劇は創造性を育てるか？―』フィルムアート社.

山内博之（2000）『ロールプレイで学ぶ 中級から上級への日本語会話』アルク.

Johnstone, K.（1999）*Impro for storytellers*. Faber and Faber Limited: London.

参考URL

The Huffington Post「日本の「ハーフ」差別に外国メディアが批判　ミス・ユニバースの宮本エリアナさん問題」

　　http://www.huffingtonpost.jp/2015/04/02/miyamoto-ariana_n_6991310.html

（2015年4月3日参照）

Togetter「ドッジボール、学校での強制参加を禁止にするべきでは？」

　　http://togetter.com/li/828700　　　　　　　　　　　（2016年4月17日参照）

第4部

第9章 教師は何もしなくていい
学習者が主体的に学べる環境作り

石黒　圭

> **質問**
>
> 最近、協働学習の重要性をあちこちで耳にするので、試しにやってみました。でも、うまくいきません。学習者に話し合いをしてもらっても、やる気がなさそうですし、自分たちで話しても答えが得られないので、先生に直接教えてもらったほうがいいと言います。そこで、私がグループに入って教えるようになり、いつもの授業のようになってしまいました。協働学習はあきらめたほうがよいのでしょうか。

> **回答**
>
> あきらめるのは早いです。質問から察するに、教室の学習者も、教師であるあなた自身も、協働学習を十分には理解していないようです。
>
> 協働学習を成功させるにはポイントがあります。一つは、入念な事前準備です。①なぜ協働学習が必要なのか、その意義と目的を学習者たちに事前に理解してもらうこと、②課題の設定が適切で指示が明確であることが大切です。この２点が満たされていれば、協働学習が立ち往生し、途中で教師が介入して仕切ってしまわずに済みます。
>
> もう一つのポイントは、事後の適切なフィードバックです。たしかに学習者どうしで話しても、日本語の表現面では結論が出ないこともあるでしょう。その場合、かならず問題を解決するフィードバックの場を事後に設けておくことです。この二つで、協働学習は飛躍的に改善します。

1. 協働学習の概要

1.1 協働学習の歴史的背景

　20世紀型の日本語授業と21世紀型の日本語授業のもっとも大きな違いは何でしょうか。私が考えるに、20世紀型の日本語授業は一方向型、21世紀型の日本語授業は双方向型です。また、20世紀型の日本語授業を支えるキーワードは「指導」、21世紀型は「対話」です。

第9章 教師は何もしなくていい

　20世紀の一方向型の日本語教育は、教師主導型です。教師が指導し、学習者がその指導に従って学ぶという受動的な学習スタイルが想定されています。教室は日本語表現を練習する場です。暗記が重要で、反復練習によってそれが身につくことが期待されています。

　一方、21世紀の双方向型の日本語教育は、学習者主体型です。教師はファシリテーターであり、学習者は自らの興味・関心に基づいて学ぶ能動的な学習スタイルが想定されています。教室は多様な個性が集う一つの社会です。そこに学習者が主体的に関わるなかで、たがいに高めあったり、補いあったりするのです。

【20世紀型の授業】
教師主導型
一方向型
「指導」重視
学習者は受動的
教室は練習の場

【21世紀型の授業】
学習者主体型
双方向型
「対話」重視
学習者は能動的
教室は一つの社会

　対話型の授業が構想されたのは20世紀、それもかなり早い時期です。そのことは、ジョン・デューイとミハエル・バフチンによく言及されることからもわかります。

　デューイは20世紀初頭に活躍した米国のプラグマティズムの哲学者で、シカゴでの教育実践がよく知られています。主著『学校と社会』『民主主義と教育』は、現在でも比較的手に入りやすい形で出版されています（デューイ1957, 1975a, 1975b）。

　デューイは、学習者が経験をつうじて成長することを何より重視しています。学習とは、外から与えられる知識の詰めこみによる暗記ではなく、内なる経験によって更新される一人ひとりの自己変容なのです。その結果、教師から一方的に与えられる受動的な学習環境を批判し、教育の場に活動を積極的に導入し、経験によって学習者の主体性を取り戻すことを強く主張することになります。

　バフチンはロシアの文学研究者・哲学者で、ドストエフスキーの研究で有名です。バフチンの理論は難解で知られますが、その考え方をわかりやすく紹介し、日本語教育との接点で考えたものに西口（2013）があり、参考になります。

　バフチンの言語観は、対話原理に基づいています。バフチンによれば、言語というものは抽象的な記号の体系ではなく、コミュニケーションという出来事そのものであり、特定の状況においてつねに誰かに向けられた対話性を帯びたものです。言語教育は長く言語学の影響下にあり、言語を記号の体系として捉え、その知識の教授を目的として考えられがちでした。しかし、言語が、人と人の関係を結ぶコミュニケーションという役割を担っている以上、日本語教育の教室も、言語知識教授の

場から、対話原理に基づく言語運用の実践の場へと変わる必要があるわけです。バフチンはこの点でジャンルというものを重視しています(バフチン 1988)。

1.2　教師は何もしないのが理想

　しかし、一方向的な教師主導型の授業ではなぜいけないのでしょうか。もちろん、学習者の目的達成に効率的な面もあり、一概に否定されるものではないのですが、少なくとも弊害は知っておく必要があります。その最大の弊害は、学習者の自律性を損なうことです。

　日本語教育で理想の教室とはどんな教室でしょうか。私が思うに、教師の声が聞こえず、学習者の楽しげな声だけが響いてくる教室です。日本語教師を始めたばかりの人は、教師が話せば話すほどよい授業になると誤解しがちですが、実際の授業では、教師が話さなければ話さないほどよい授業になります。教師の話す時間が減れば、学習者の話す時間が増え、それだけ運用力が高まります。「教師は何もしなくていい」というのは日本語教育を知らない人にはオキテ破りですが、日本語教育のプロのあいだでは基本であり常識です。

　教師が自らの頭を使い、口を動かしたとしても、それは教師自身の練習にしかなりません。大切なのは、学習者が頭を使い、口を動かすことです。優れた日本語教師は、自分が話すのは最小限に留め、学習者にいかに話させるかに腐心するものです。その意味で、協働学習は、理想の教室になる要素を備えています。

　もちろん、協働学習は、単に学習者の話す時間が多くなる量的な側面にばかり光を当てるものではありません。むしろ、学習者が自律的に活動に参加し、たがいに助けあうという質的側面のほうが重要です。

　協働学習、とくに学習者どうしで協働するピア・ラーニングの場合、おたがいに足りない部分がありますので、それを補いあえます。それが学習者自身の成長にとって重要なことなのです。ピア・ラーニングというと、何だか特別の学習法のように思うかもしれませんが、そうではありません。クラスメイトどうしで小さなグループになり、相談したり助けあったりする、きわめてふつうの学びです。

　ピア・ラーニングを成功させるには、教師自身がそのイメージを明確に持っている必要があります。ピア・ラーニングは、大学でいえば、ゼミのようなもの、企業でいえば、企画会議のようなものです。ゼミでは、発表者の研究をみんなで建設的に批判しながらよいものにしていきますし、企画会議では、プレゼンターのアイデアをみんなで議論しながら売れる企画として練りあげます。一人でもよい作品ができるかもしれませんが、みんなで協力すればもっとよい作品ができる。それがピ

ア・ラーニングの考え方です。

【ピア・ラーニング】

> 協働学習の一種
> キーワードは「協力」「助けあい」
> 足りない部分を補いあえば成長につながる
> イメージとしては、ゼミ・企画会議
> チームワークが相乗効果を発揮する

1.3　ピア・レスポンスとピア・リーディング

　ピア・ラーニングは、ピア、すなわち学習者どうしが対話をしながら学習内容への理解を深めていく活動で、対話型作文活動であるピア・レスポンスと、対話型読解活動であるピア・リーディングの二つが代表的です。本章ではこの二つをご紹介します。

　ピア・レスポンスは、教師の添削をベースにした従来型の作文授業とは異なり、学習者どうしが対話をしながら作文を推敲する対話型作文授業です。ピア・レスポンスでは、あらかじめ準備した作文をグループのメンバーで読みあい、たがいの作文を批評します。グループは2名〜4名が一般的です。書き手が自分の作文を読みあげ、読み手が作文のなかのわからない表現や内容について質問したり、こうすればもっとよくなるという代替の表現や内容を提案したりします。質問や提案が一段落したら、書き手と読み手の役割を交代し、別の書き手の書いた作文を検討していきます。そして、グループにおけるすべての書き手の作文の検討が終わった時点で、活動は終了になります。

　一方、ピア・リーディングもまた、学習者の訳読や設問への解答、およびそれにたいする教師の解説をベースにした従来型の読解授業とは異なり、学習者どうしが対話をしながら理解した内容を確認したり、内容について批判的に検討したりする対話型読解授業です。やはり、2名〜4名のグループで行われるのが一般的で、理解した内容や文章にたいする評価などを交換することで、自分の文章理解のスタイルの偏りや他者による新たな読み方への気づきを促すことが可能になります。

　なお、ピア・ラーニング全般については池田・舘岡(2007)、ピア・レスポンスの方法については大島他(2005)、ピア・レスポンスの効果については原田(2006)、ピア・リーディングの方法と効果については舘岡(2005)なども合わせて参考にしてください。

学習者が主体的に参加できる環境を作る活動
① ピア・レスポンス
② ピア・リーディング

2. 教室活動の実際
2.1 ピア・レスポンス

　まずは、典型的なピア・レスポンスを例に、対話型作文授業の手順を考えてみましょう。具体的には次のような手順になります。

《目　的》	表現面・内容面での作文能力の向上
《レベル》	中級〜上級
《時　間》	90分
《人　数》	問わない

《手　順》

時間	活動	留意点
事前準備	・作文は宿題とし、事前にメールで送ってもらう。 ・手書きの場合は前の週の授業時に提出してもらう。	・配布時や検討時を考え、作文はA4版1枚に収めてもらう。 ・読み手が書きこみやすいように、行間は広めに空けておく。
5分	・クラスのサイズに応じて2〜4名の小グループに分け、作業の趣旨を説明する。	・小グループは、日本語能力の面でも、母語や母文化の面でも、できるだけ多様性を持たせる。
5分	(3名のグループとして説明) ・検討する作文を書き手自身に音読してもらう。	・読み手の2名は音読を聞きながら内容を理解し、質問やコメントを考える。
15分	・音読終了後、読み手から質問や意見などを出してもらい、グループ全員で検討する。	・読み手から出されたコメントは、書き手がメモしておき、推敲時に役立てる。
20分	・作文の書き手を交替し、音読と検討作業を同様に行う。	・教師は机間巡視を行い、学習者どうしの議論に耳を傾け、全体ディスカッションで取りあげる課題を考える。
20分	・さらに作文の書き手を交替し、音読と検討作業を行う。	・同上
25分	・ピア・レスポンスで出た問題点を中心に、クラス全体でディスカッションを行う。	・ピア・レスポンスの議論で解決できなかった問題について、教師の立場から適切なフィードバックを行う。
事後作業	・当日の質問や意見をもとにリライトを行い、提出する。	・記憶が薄れないうちにこの作業ができるかどうかで、ピア・レスポンスの効果が決まる。

第9章 教師は何もしなくていい

> ✧ ✧ ✧ ✧ ✧ ✧ ✧ ✧ ✧ ✧
> ✧ ときめき ☆ POINT ✧
>
> ➡ 学習者の背景の違いが、ピア・レスポンスの最大の財産になる
>
> 　作文の授業で、クラスに集う学習者の日本語能力がまちまちで困った経験はないでしょうか。そんなときに、ピア・レスポンスが力を発揮します。日本語能力の違いが、ピア・レスポンスの小グループにおいて、学習者どうしの日本語能力に応じた役割分担を可能にするからです。

イマイチ授業とその対策

　ピア・レスポンスの授業をやってみたけれど、うまくいかないと感じている人は多いのではないでしょうか。冒頭で述べたことと関連しますが、私の経験上、うまくいかない原因は以下の四つにまとまりそうです。

① 学習者がピア・レスポンスに慣れていない
② テーマの設定が悪い
③ グループ分けが悪い
④ 学習者の疑問が解決されない

① 学習者がピア・レスポンスに慣れていない

　学習者がピア・レスポンスに慣れていない場合、どう質問してよいかわからない、どうコメントしてよいかわからないということになりがちです。そこで、ピア・レスポンスを初めて授業に導入する場合、ピア・レスポンスを実際にやっている映像を初回の授業で見せ、最初の数回は練習も兼ねて活動をする必要があるでしょう。

　また、中級学習者の場合、話し合いにおける質問の文型を知らないこともあります。質問の内容は、漢字が読めない、語の意味がわからない、見たことがない文法である、内容が理解できないなど、ある程度一般化が可能です。こうした質問の内容におうじた文型をまとめたシートを作り、質問する練習をするとよいでしょう。

　コメントやアドバイスの仕方も同様です。コメントやアドバイスも、その内容に応じた文型をまとめたシートを作り、練習をします。質問と違って、コメントやアドバイスの場合、相手の気持ちを傷つけないようにすることが大切です。コメントの場合は、頭ごなしに相手の作文を否定することがないように、プラスの評価点も

合わせて示すとよいでしょう。アドバイスの場合は、そんなことも知らないのかという上から目線にならないように、同じ学習者という対等な立場からのアドバイスを心がけ、それをアドバイスの発話に反映させることが大切です。

こうした練習を、最初の数回の授業できちんとやっておくと、読み手と書き手のコミュニケーションがスムーズに進むようになります。

② テーマの設定が悪い

作文のテーマの設定が悪い場合、作文の内容がつまらなくなり、ピア・レスポンスの議論が盛りあがりません。議論が盛りあがらないグループに教師が介入すると、沈滞ムードが深まります。では、どのような作文のテーマがピア・レスポンスによいのでしょうか。

ピア・レスポンスに向くテーマは、ずばり、学習者の書きたい内容、読みたい内容です。そのためには学習者自身に考えてもらい、決めてもらうのが一番です。「死刑制度の是非」「環境税の是非」などは私がやって失敗したものです。学習者にとって身近でなく、なぜそのようなことを議論しなければならないのか、必然性が感じられなかったようです。むしろ、評判がよかったのは、「日本社会のここが変」「自分のふるさと紹介」などでした。自分の書きたいことが書けるからでしょう。

ピア・レスポンスに向くテーマを設定する場合に重要なのは、学習者の多様性が前面に出るようなテーマにすることです。中国人学習者ばかりのクラスで「高考(中国の大学入試)の弊害」「漢字の字体の統一」といったテーマで書いてもらった場合、たしかに身近なテーマかもしれませんが、ピア・レスポンスに向いているとは思えません。作文の内容が似かよったものになり、議論が活発にならないからです。

知らない内容を知ってほしい、あるいは知りたい。そう思うから書き手は文章を書き、読み手は文章を読むのです。つまり、書き手と読み手に知識や経験の差があるような内容でなければ、書き手の書くモチベーションも、読み手の読むモチベーションも上がらないわけです。多様性は、知識や経験のギャップを作りだす装置です。ピア・レスポンスは、その多様性を最大限に活用する活動です。

③ グループ分けが悪い

ピア・レスポンスが多様性を前提とした活動である以上、多様性に乏しいグループ分けは議論を沈滞させます。そのため、グループ分けには細心の注意が必要です。

ピア・レスポンスにまだ慣れていない最初の数回は親しい者どうしを一つのグループに入れることもありますが、回が進むにつれて、ふだん接点のない者どうし

第9章　教師は何もしなくていい

でグループを作ってもらうようにします。また、クラスのサイズにもよりますが、毎回違うメンバーでグループを作れたほうが、飽きが来なくてよいでしょう。

　日本語能力も、国籍・性別・年齢にもバリエーションを持たせたほうが望ましいことは言うまでもありません。しかし、クラスにはさまざまな制約がありますので、無理のない範囲で現実的に対処するという方向でよいと思います。

　一つ忘れてはならないのが学習者の性格です。仕切りたがりの学習者どうしをぶつけると衝突することもありますし、おとなしい学習者どうしを組みにすると沈黙が続くこともあります。ピア・レスポンスを始めた当初は仕切りたがりの学習者とおとなしい学習者を組み合わせるといいでしょう。しかし、仕切りたがりの学習者とおとなしい学習者の組み合わせを常態化させると、役割が固定してしまいます。ピア・レスポンスに慣れてきたら、おとなしい学習者どうしをあえて組み合わせることで、ふだん発言を控えがちな学習者の主体性を引きだすことも必要です。ピア・レスポンスがだめになるのは、おとなしい学習者、自信のない学習者、やる気のない学習者が、実力もあって積極的な学習者に依存するところから始まります。つまり、グループのなかに先生役の学習者が生まれた瞬間にピア・レスポンスの効果は半減するのです。よって、教師としては、ピア・レスポンスの活動中、学習者たちの議論にそっと耳を傾けるようにし、どのタイプの学習者を組み合わせると、どのような化学反応が起きるのかを知り、それを次回のグループ分けに反映させる観察眼が必要です。

④ 学習者の疑問が解決されない

　外国語で文章を書いた経験のある方ならばすぐにわかるように、外国語で文章を書くとき、表現の正確さ・自然さが気になるものです。できれば有能なネイティブ・スピーカーに自分の書いた文章をチェックしてほしい。そう思うのではないでしょうか。

　学習者は文章を書いていて、不安に思うことがたくさんあります。レポートを「です・ます」で書いても問題はないのか、メールの返事は「ご返事」なのか「お返事」なのか、など多くの疑問があります。しかし、同じ学習者である友人に聞いても、満足のいく答えは返ってこないことが多いのも事実です。そんなときは、日本語教師の出番でしょう。

　もし、ピア・レスポンスの授業だけで作文がうまくなるのであれば、教師は不要です。しかし、現状では、どんなにコンピュータの技術が進んでも、教師不要論にはなりそうにありません。作文は人間が読み、評価するものですので、どうしても

優れた評価眼を持つ教師のアドバイスが必要になります。

　ですから、ピア・レスポンスの授業はやりっぱなしにせず、その場で出た学習者の疑問を教師のフィードバックのなかで解決する手続きが必要です。上記の「手順」では、フィードバックの方法として全体でのディスカッションを取りいれていますが、フィードバックの方法は多岐にわたります。詳しくは、石黒編著(2014)をご覧ください。

2.2　ピア・リーディング

　ピア・ラーニングのもう一つの代表的な活動であるピア・リーディングを紹介します。ここでご紹介するピア・リーディングの授業は、「三つの対話」を行うという私の自己流です。

《目　的》	総合的な読解能力の向上
《レベル》	中級〜上級
《時　間》	90分
《人　数》	問わない

《手　順》

時間	活動	留意点
30分	【自己との対話】 ・最初の30分は、課題のついた文章を読み、それを解くなかで、自分がどのような読み方をしているか、意識する。	・このときは友人とは相談せず、自分の頭でひたすら課題を解いてもらう。
30分	【他者との対話】 ・次の30分は、2〜4名の小グループになり、課題にたいするおのおのの答えを比較し、グループ全体でその答えが一つになるように議論する。	・三つの対話は30分ずつだが、話し合いの時間がもっとも重要なので、【自己との対話】【全体との対話】を犠牲にしても、【他者との対話】の時間は十分に確保する。
30分	【全体との対話】 ・それぞれのグループの答えを発表してもらい、教師や学習者がコメントしつつ、その結果を全体で共有する。	・クラス全体の答えを一つにまとめることが目的ではない。むしろ、各グループの個性を紹介し、読みという行為の多様性に気づいてもらうようにする。

　私の実践では、N1に合格しているレベルの上級・超級学習者を対象にしたアカデミック・リーディングの授業として行いました。

全15回の授業のうち、最初の1回はオリエンテーションに使い、残りの14回の授業を二つに分け、前半7回は「深く、正確に読む」、後半7回は「批判的、創造的に読む」をテーマに行いました。使ったテキストは社会言語学のテキスト(石黒圭『日本語は「空気」が決める —社会言語学入門—』光文社新書)です。

毎回の授業の課題は以下のとおりです。課題によっては事前準備が必要なものもあります。

14回分の授業の概要

回	授業項目(読み方)	課題の内容
1	キーワードを定義する	文章のキーワードを選び、その理由を考える。
2	行間を読む	文章を読んで、そこに出てくる専門的な概念の分かりやすい実例を考える。
3	接続詞を入れる	文中にある空欄に入る接続詞を考えて入れ、接続詞が果たす役割を考える。
4	予測をする	文章の空欄に入る内容を予測し、それを数文で表現する。
5	キーセンテンスの連鎖を見る	文章を読んで、もっとも重要な文を3文、重要な文を12文抜き出す。
6	文章構造図を書く	文章を読んで、文章構造図を作成する。
7	中間報告：要約文を書く	文章を読んで、要約文を書く。
8	事例を収集する	文章に載っていない男性語、女性語と若者語をたくさん挙げる。
9	参考文献を探す	参考文献を調べ、専門的な概念の定義を考える。
10	疑問点に反論する	文章を読んで、疑問点や誤っていると思われる点を見つける
11	代替案を考える	文章のなかで提示されている三分類を改善する。
12	自分の関心を説明する	文章を読んで、自分にとって面白い文を抜きだし、説明する。
13	ワールドカフェ	文章を読んで、「日本語とはどんな言語か」について、ワールドカフェの形で他者と自由に意見交換をする。
14	期末報告：書評を書く	文章を読んで、書評を書く。

➡ 対話の力で、自分の読み方を可視化する

　書くという行為は作文という形で目に見えるものになりますが、読むという行為は目に見えず、自分自身でも捉えにくいものです。しかし、自分の読み方に偏りがあることに気づき、それを改善するには自分の読み方を目に見える形にしなければなりません。そんなときに役に立つのは対話です。対話における他者の存在が、自らの読みを可視化する手助けをしてくれます。

　この授業では、【自己との対話】【他者との対話】【全体との対話】という三つの対話によって、自分の読み方の可視化・相対化を試みます。【自己との対話】では、与えられた問いに向きあうことによって、内なる他者としての自分がどのような読み方をしているかを学習者自身に知ってもらいます。次に、【他者との対話】では、クラスメイトが、同じ文章をどのように読んでいたか、そして、それが自分の読み方とどのように違っていたのかを知ってもらいます。最後に、【全体との対話】で、各グループがどのような読み方をしていたのか、そして、異なる読み方をどのように一つの読み方にまとめたのかを知ってもらうわけです。

　三つの対話を経験するなかで、文章を読むという行為が、それぞれの人の持っている日本語能力、着眼点と解釈、背景となる知識や発想などの違いによって、どう変化するか、その広がりを実感してもらいます。

　読解には、明らかに間違った読み方（誤解）はありますが、唯一の正しい読み方（正解）はありません。それが読解のおもしろいところです。しかし、人間は、自分の読み方を疑わず、絶対視しがちです。それを可視化・相対化できれば、その人の読みの広がり・深まりが違ってきます。

イマイチ授業とその対策

　ピア・レスポンスと同様、ピア・リーディングも十分な準備のもとに進めないと、学習者に不満が残りがちです。私の経験上、ピア・リーディングがうまくいかない理由は以下の四つにまとまります。

　① 何をしてよいかわからない
　② 課題の設定が悪い

③ 役立つ実感が得られない

④ 授業のスタイルに抵抗がある

① **何をしてよいかわからない**

　ピア・リーディングの場合、おたがいが読んだ内容を確認し、そして、その内容を批評しあう活動が基本になります。しかし、教師が「おたがいが読んだ内容を確認し、その内容について批評しあってください。はい、はじめ」と指示しても、学習者は何をしてよいかわからず、途方に暮れてしまうでしょう。

　そうならないためには、まず学習者に活動の目的を明確に伝えることです。「ピア・リーディングは、おたがいの読み方の違いを確認し、なぜ違うのかを考えるなかで、自分の読み方の特徴を知り、読み方の改善を図る活動である」という目的を共有してください。

　また、おたがいが読んだ内容をどう確認するのか、また、批評という活動をどのように行うのか、そのイメージが学習者に湧かないと、ピア・リーディングの活動が盛りあがりません。紹介した活動では、課題となる問いを与え、それをめぐって活動をするという形をとりました。そうした方法でなくてもかまいませんが、ピア・リーディングのやりとりが実質的なものになるよう、指示はできるだけ具体的にすることが必要です。

② **課題の設定が悪い**

　ピア・レスポンスでもそうでしたが、ピア・リーディングでも課題の設定が悪いと活動がうまくいきません。

　まず、重要なのは、テキストとなる文章そのものの力があることです。力のある文章は自然と書き手と読み手の対話を引き起こします。「なるほど」「でも、ほんとにそうかな」「う〜ん、やっぱりほんとにそうなんだ」のように、思わず独り言が口をついてでるような文章が理想です。

　そのためには、教師がふだんからたくさんの生の文章を読み、自分が読んで心動かされ、これならきっと学習者もよい刺激を受けるに違いないと思える文章を教材として使うのが一番です。ピア・リーディングではオーセンティックな教材がよいでしょう。

　また、課題となる問いもまた、重要です。学習者には何のための問いなのかも、伝えてください。背後にある目的が伝わらないと、問いに取り組むモチベーションも上がりません。これをやれば、このような点で自分の読解力が上がる可能性があ

るということがわかれば、意識の高い学習者は目の色を変えて課題と格闘するようになります。

さらに、課題の量にも気配りが必要です。課題の量が多すぎると、課題をこなすのに精一杯で、議論に余裕がなくなります。課題は学習者の創造性が発揮できるように自由度が高いもので、かつ分量はやや少なめのほうがよいでしょう。課題をこなすのが早いグループは雑談をしているかもしれませんが、じつは雑談も重要です。文章の表現や内容から派生した雑談は豊かな連想を含んでおり、自由な読みへのヒントを含む場合が少なくないのです。ですから、私は学習者どうしで雑談をしていても、基本的に放置することにしています。

③ 役立つ実感が得られない

学習者は、自分の受けている授業が実生活で役に立たないと感じると、授業に身が入らないものです。ピア・リーディングの場合、ピア・レスポンス以上にその成果が形に表れにくいので、役立つ実感を持ってもらう工夫が必要になります。

私が意識していることは、学習者の読解にたいするニーズです。日本語で新聞や小説を読めるようになりたい、アカデミックな文献やビジネスの文書を読む必要がある、日本語能力試験や日本留学試験の対策に欠かせないなど、人によって目的が違いますし、目的におうじて読み方も変わってきます。

たとえば、アカデミック・リーディングの場合、自分の知らない知識を誤りなく吸収する正確な読み方と、書かれた文章の問題点に気づく批判的な読み方が要求されます。もし学習者が、自分の読みの不正確さや、問題点を見すごす読み方に気づくことができれば、それをすぐに自分の読み方の改善に結びつけることができます。

学習言語の文章を読むと、母語の文章以上にそれを盲信したり、あるストラテジーを過剰に使用したりすることになりがちです。しかし、他者の優れた読み方に触れるなかで、自己の読み方を相対化し、メタ認知できるようになり、目的に応じて自分の読み方をコントロールできるようになれば、自分の読解力に自信が湧いてきます。

④ 授業のスタイルに抵抗がある

中国・韓国・台湾といった東アジア圏の学習者を中心に、ピア・ラーニングにたいする抵抗を感じることがあります。そうした学習者は効率重視の姿勢が備わっており、先生に答えを教えてもらったほうが早いという考えを多かれ少なかれ持って

いるように感じます。また、日本人日本語教師である私自身もまた、そうした考え方に染まっているように思います。

しかし、効率がよいことは、じつは効率が悪いように思うのです。試行錯誤の過程のなかで苦労したからこそ、教師の一言がすっと頭に入ることがあります。また、教えてもらったことは、たとえ正しい知識だったとしてもすぐに抜け落ちてしまい、自分の力につながらないようにも思います。「信念ある自己流は、信念なき正統に勝る」のです。

本章のはじめで、20世紀の日本語授業は「教師主導型」、21世紀の日本語授業は「学習者主体型」だと述べました。20世紀の日本語授業が「教師主導型」であったのは、効率重視であったからではないかと私は思っています。とくに、日本語教育にたいする日本語学の影響が強かった時代は、行きすぎた効率主義があったように感じます。そして、ピア・ラーニングはそれにたいする反省として出てきたのでしょう。つまり、ピア・ラーニングは「効率が悪い」教授法であり、それが持ち味だと思うのです。

ピア・ラーニングでは、学習者はつねに試行錯誤の過程に置かれ、ストレスが溜まるものです。その傾向は、とくにピア・リーディングで顕著です。私の行った「三つの対話」の授業は、霍（2015）のなかで分析されており、授業で学習者は、ピア・リーディング特有の授業スタイルに最初は「戸惑いと悩み」を感じるようです。しかし、授業に継続して参加し、自分なりの「努力と工夫」を重ねるなかで「気づきと学び」を得、「授業スタイルの変化による相互作用の活性化」と「教室内外の活用及び達成感」を通して読み方に深みと広がりが生まれてくるとされています。

その意味で、慣れない授業スタイルになじみ、効果を発揮するまではある程度の時間と忍耐が必要になりそうです。

3. おわりに

ピア・ラーニングは、一見「教師は何もしなくてよい」方法なのですが、効果を上げるには、入念な準備と十分なフィードバックが必要です。しかし、その努力に見合うだけの成果が得られる方法だとも思います。学習者どうしの「対話による助けあう力」を十全に引きだせるよう、本章の記述を参考に、学習者が主体的に学べる環境の整備に努められることを願っています。

参考文献

池田玲子・舘岡洋子（2007）『ピア・ラーニング入門―創造的な学びのデザインのために―』ひつじ書房．

石黒圭（編著）・安部達雄・有田佳代子・烏日哲・金井勇人・志賀玲子・渋谷実希・志村ゆかり・武一美・筒井千絵・二宮理佳（著）（2014）『日本語教師のための実践・作文指導』くろしお出版．

大島弥生・池田玲子・大場理恵子・加納なおみ・高橋淑郎・岩田夏穂（2005）『ピアで学ぶ大学生の日本語表現 ―プロセス重視のレポート作成―』（第2版は2014年），ひつじ書房．

霍沁宇（2015）「「三つの対話」を用いた読解授業における日本語上級学習者の読み方の意識変容プロセス」『日本語教育』162，pp.97-111．

舘岡洋子（2005）『ひとりで読むことからピア・リーディングへ ―日本語学習者の読解過程と対話的協働学習―』東海大学出版会．

デューイ，ジョン（著）・宮原誠一（訳）（1957）『学校と社会』岩波書店．

デューイ，ジョン（著）・松野安男（訳）（1975a）『民主主義と教育（上）』岩波書店．

デューイ，ジョン（著）・松野安男（訳）（1975b）『民主主義と教育（下）』岩波書店．

西口光一（2013）『第二言語教育におけるバフチン的視点 ―第二言語教育学の基盤として―』くろしお出版．

バフチン，ミハイル（著）・新谷敬三郎・佐々木寛・伊東一郎（訳）（1988）『ミハイル・バフチン著作集8：ことば対話テクスト』新時代社．

原田三千代（2006）「中級学習者の作文推敲過程に与えるピア・レスポンスの影響 ―教師添削との比較―」『日本語教育』131号，pp.3-12．

終章 「楽しい日本語授業」の条件とは何か？

五味政信

1. はじめに

　本書のタイトルには「心ときめく」という語句がありますが、日本語学習者が授業を受けて「心ときめく」ということは、その授業がたいへん「楽しい日本語授業」であるということでもあるでしょう。では、学習者の心をときめかせる「楽しい授業」であるための条件とは、一体どのような条件でしょうか。本書の各章には、心ときめく「楽しい日本語授業」を実現するためのヒントとなる教授法やその教育実践例、あるいは、当該の教授法が万が一うまくいかなかった時の手当ての仕方や工夫などが、綺羅星のごとく数多く散りばめられています。日本語教師にとっては、たとえ1枚の絵教材であっても、それなしには授業を進められないほど大切な絵教材である場合があるように、本書で紹介されている具体的な教材、教授法は読者の皆さんにとって、たいへん大きな財産となることは間違いありません。と同時に、各章の冒頭で「質問」とその「回答」を示し、さらに「ときめき☆ポイント」の項目を設け、具体的な教授法の基盤となっている考え方にも言及し、日本語教師という仕事を根本から支えるための理念を記述することにも配慮しています。

　さて、本章では、「楽しい日本語授業」であるための条件について考えてみたいと思います。その条件を考えるための手がかりとして、読解授業を取り上げます。私が2015年夏に担当した「日本語中級読解」の授業風景の一部をご紹介し、また、日本語学習者に対して行ったアンケートをデータとして、「楽しい日本語授業」に求められる条件について検討したいと思います。

2. 楽しい日本語授業の条件とは何か？

2.1 読解授業の手順

　読解授業の手順ですが、私の場合は、前の週に自作教材を学習者に配布して予習を指示します。そして、当日はウォーミングアップ、テキストの音読、質問の受付、問いへの答え合わせ、内容に関する意見交換、教材に関連するテーマでの宿題作文の提示、次週の教材配布、という流れで授業は進行します。「読解」の授業ではありますが、読解後にはテキストの内容に関する話し合いを行いますので、音読もしますし、言語要素の確認もします。以下、授業の流れに沿いつつ授業風景の一部をご紹介します。

〈ウォーミングアップ〉

　教室作業としては、まずはウォーミングアップをします。学習者一人一人の表情を確認しながら、天気・気候のこと、ニュースに登場している話題、旅行、映画、音楽のことなど、何かしらの話題を学習者に投げ掛けます。語学の授業ですので、学習者からの発言を引き出すためにリラックスした雰囲気が必要ですし、習得効果の向上も期待できるでしょう。学習者の口慣らしにもなります。また、その日の学習者の様子を把握しようとする目的もあります。

　先日の「日本語中級読解」（交換留学生5名と研究生2名で構成されるクラス。男子学生3名、女子学生4名。国籍は中国3名、豪州2名、米国1名、英国1名）の授業では、韓国が誇る世界的オペラ歌手、スミ・ジョーのコンサートに行って、その歌声に感動してしまったことを伝えると、豪州の留学生がオペラの大ファンであるということが分かりました。直ちに前に出て来てもらい、オペラの素晴らしさについて話をするようお願いしました。学習者のことを知っておくことは授業の展開にとって、たいへん大きな助けとなる場合が多々あることも、私たち教師が経験していることでしょう。

　日本語教師が学習者に向ける眼差しや態度について、あるベテラン日本語教師は次のようにも語っています。

「学習者のことを覚えるという一方で、自分のほうの情報も学習者に開示するというか…。家族の話をしたりして、教師の、授業以外の顔もチラッと見えると、学生が想像を働かせて親しみを感じてくれる、距離を近く感じてくれるのかなという気がしています」。

「教師って一見、「話す」っていう役割を与えられているように見えるんですけど、私はけっこう聞くことが大切かなって思っていて。（中略）教室の中でも外でも「あなたの話を聞きますよ」っていう態度が大切だと思っています。だから授業でもできるだけしゃべりすぎないように、表に出すぎないようにして、学習者に話させることを目指しています」。

（本書「座談会」から）

　これらの発言からは、運用能力の養成を視野に入れた語学の授業では、教師と学習者間の距離、親密度を、ベテラン教師は意識してクラス活動を行っていることが看取されます。

〈テキストの音読〉

　ウォーミングアップに続いて、前の週に配布した教材プリントを一段落ずつ学習者に音読してもらいます(普段、予習をしてこない学習者が珍しく予習してきていれば、すぐに分かりますので、その場合には一段落ではなく、全文を読んでもらうことに変更し、読み終わった後に皆で拍手を送って励ますこともあります)。一語一語を正しく読めているか、ポーズの置き方は正確かなどにも気を配ります。原則的には学習者が音読している途中で読み間違えなどがあっても修正しません。一段落の流れ(内容把握という点からも、音読のリズムという点からも)を優先します。ただ、あまりにも読み間違えが続くようでしたら、一文の区切りでミスを修正することもします。発音に多くの問題があるような場合は、その場では繰り返してしつこくは修正しません。発音の矯正が必要な場合には、別の機会を設けます。学習者の体面にも配慮したいですし、一人の学習者に多くの時間を費やすことで他の学習者が手持ち無沙汰になってしまうことも気にかかります。勿論、間違いは指摘し修正します。他の学習者が「間違っているのでは？」と気付いている場合、教師の側が「間違っている」ことを指摘することで、他の学習者が納得を得られることも、また大切なポイントです。

〈質問の受付〉

　読み終わったあとで、学習者からの質問を受け付けます。語彙、語句の意味、文法事項など、何でも質問してくださいと働きかけます。

　先日は、テキストの一段落を学習者に音読してもらい、「質問をどうぞ」と言ったところ、テキストの中に出てきた「思い込む」という語について、中国の女子学生、劉さんから「『思い込む』と『誤解する』はどう違いますか？」という、思いもかけない質問が飛んできました。教材には「私たちは、自文化の習慣のかなりの部分は、どこの国でも普通の、当たり前の習慣だと思い込んでいる場合が多い」という文がありました。

　「えっ？『思い込む』と『誤解する』、ずいぶん離れたところにある２語のように思うけど……」。第一感は「離れたところにある２語」でしたが、確かに入れ替えが可能な場合があります。

　彼は不誠実な人だと { a. 誤解して／ b. 思い込んで } いました。

　劉さんにどうしてこんな質問をしたのか確認してみました。「意味が似ていると

思った」というのが劉さんの答えです。「誤解する」という言葉を知っているか確かめると、全員が知っているとうなずきました。どうしましょう、考えたこともない質問です。学習者からの質問は教師にとってたいへんありがたい宝物です。今回の質問のように教師が気付いていないことを学習者の質問が教えてくれることも多々あります。教師は学習者の質問によって鍛えられるとも言えるでしょう。

　質問が出た場合は、教師は質問を受けられて喜んでいることを笑顔や言葉によって伝え、その質問の内容を確認し、なぜそのような質問をするのかについても確かめます。類義語についての質問でしたら、例文を出してくれるよう学習者に働きかけます。これらの一連の手順はたいへん重要です。質問した学習者の知識や意図を確認し、さらに、質問の内容をクラス全体が正確に把握し、質問の内容にかかわる情報を共有できるようにするために踏むべき手順です。質問した学習者と教師の二者のみで、質問についてのやり取りが進み、他の学習者がまったく関わることができず、質問の外に置かれて学習者同士で私語を交わしている、という状況は避けなければなりません。常にクラス活動について学習者全員がその進行を理解し、活動ややり取りに参加することから、新たな知見が生まれ共有される。ここにこそクラス授業の意味も生まれます。

　上記のような類義語の相違について考える時は、私の場合、まずは自分自身が母語話者日本語教師であることの強みを生かして、2つの語を使って文を作ってみることにしています。今回は学習者から例文は出ませんでしたが、学習者の例文と教師の例文が類義語の相違を考えるための第一に頼るべき材料であることは間違いありません。2語の例文を比べる過程で何か分かることがあれば幸運です。その時に提出したのは以下の文でした。

　私(五味)　　「劉さん、劉さんは北京大学の学生ですね」
　劉さん　　　「いいえ、人民大学から来ました」
　私　　　　　「えー、ずっと北京大学の学生だと思い込んでいました」

つい最近まで本当にそう思い込んでいましたので、こんな文を使いました。
　次に、「誤解する」の例をぶつけてみました。以下のMossさんは豪州の女子学生です。

　私(五味)　　「Mossさんは先週、授業のあとで、私のオフィスに来て、飴をくれました。授業の時、私は喉が痛いと言いましたから、Mossさんは心

　　　　配してくれました。Mossさん、ありがとう！　五味先生のことが大
　　　　好きなんですね！」
Mossさん「いいえ、そうじゃありません」
　私　　　「あっ、ごめんなさい、Mossさんは五味先生が大好きだと私は誤解
　　　　していました」

　ここでMossさんについて一言(いちごん)しておきます。この学習者はどんな例に登場してもらっても大丈夫、どんな内容の話題を投げかけても大丈夫と教師の側が安心できる学習者がクラスには必ずいるものです。「語学授業の中のこと」と受け止めてくれる、という安心感です。Mossさんはそんな学生の一人。その他、この話題なら大丈夫と判断しながら例に登場してもらう学習者もいます。学習者の人柄、性格をもつかめるよう、そして学習者の心の動きにも配慮できるよう日本語教師は努めています（☞第4章、第5章 参照）。

　さて、「思い込む」と「誤解する」です。私の頭の中では、まずは「ずっと～と思い込んでいました」と言いたい、「～込む」のだから、「思い込む」は「長い時間、思い込む」ということだろう。でも、「ずっと誤解していました」も言えるから、時間的なことは相違点ではないか？　「誤解する」は「ずっと誤解していました」も「今、誤解してしまいました」も言えるのか？　「思い込む」は事実について、「誤解する」は気持ち、意図などについて、というのが頭に浮かんだことなんだけど…、でも、「事実関係を誤解する」も言えそうだから、気持ちと事実できっちり分けられそうもないか。でも、「会議は2時からと誤解してしまいました」は、ちょっと言いにくくもあるけど…「気持ちを誤解する」はいいが、「気持ちを思い込む」はだめ…等々、必死に考えを巡らせていました。

　すると、同じく中国の女子留学生、許さんが「思い込むは『事実』について使って、誤解するは『気持ち』に使いますか？」と意見を述べてくれました。そこで、クラスでは許さんの意見を受けて、「思い込むは『正しくない事実の内容＋と思い込んでいました』という形が使われて、『誤解する』は人の気持ちについて言うことが多いと思います」と話しました。十分な説明になっていませんが、テキストの「思い込む」の使い方はこの説明から外れていないので、ここで次の質問に移りました*。この間、5分程度でしょうか。

---

* 教室で類義語の相違点について質問が出た場合、その場でできることは限られていますが、例えば、次のような視点からその相違点を探ることもします。a) **主語**に注目する（人のみか、人以外の動物や無生物も主語に立てられるか、人称制限はあるか）、b) **目的語**に注目する（具体的なもの以外に抽

「『誤解する』の漢字を見てください、誤は『間違えます』、解は『理解します』なので、間違って理解しますという意味です」と分解して説明したり、『『思い込む』、これが正しいと思って、長い時間、心の中に入れておくという意味です」と辞書的な説明をすることも頭をよぎりましたが、このような説明は多くの場合、あまり意味をなさないことは何度も経験しています。辞書的な説明、あるいは、語の分解説明は留学生には分かりにくいことが多いのです。この種の説明が有効に働くのは2語の違いが学習者に十分に理解されてから、後追いで確認する場合ではないでしょうか。ですから、類義語について考えるときは、場面で伝えることをまず行います。その具体的な場面での使用法から、2つの語の意義素を抽出できないかと試みます。その場でうまくいかなければ、「先生の宿題とします」と言って持ち帰るようにしています。

〈問いへの答え合わせ〉
　テキストの音読、質問の受け付けが終了したあとは、配布した教材に私が付した「問い」の答え合わせを行います。「問い」には、読解の授業ではありますが、漢字の読みや文法事項の確認クイズ、文型に沿った例文作成などの問題もあります。もちろん、内容理解を確認する質問も付されています。学習者のレベルを考慮し、この漢字語は読み方が分からず、辞書で調べられないかもしれないと思われる語には、ルビを振っておきます。ルビを振った漢字語も、漢字の読みクイズに取り上げられます。また、文法事項に関する問いもあります。複合動詞であれば、前の動詞の形が「ます形」であることを確認するクイズがありますし、「～にくい」であれば、やはり動詞と接続する問いを準備して学習者の知識を確認します。「残念なことに、～」という項目であれば、「な形容詞＋ことに」の形式を使って例文を作る問いも出します。

象的な語も使用可か）、c) **時間的なことに注目する**（瞬間的か、継続的か、長時間か短時間か）、d) **意志性、無意志性に注目する**、e) **文末のテンス・アスペクト**を動かしてみる、などの視点です。例えば、「走る・かける」の相違点は何でしょうか。「走る」は「人が走る、馬が走る、車が走る」ですが、「かける」は「人、動物がかける」のみでしょう（母熊が子熊と一緒にかけているのが遠くに見えた？）。「嬉しい・楽しい」の相違点は？「久しぶりに高校の同級生に会えて嬉しかった／楽しかった」などの例では、どちらも使えそうですが、次の例はどうでしょうか。「合格して嬉しい／×楽しい」「パーティーはどうですか？－とても楽しいです／×嬉しいです」。「嬉しい」は瞬間的な気持ちに使用され、「楽しい」は長時間継続できます。「少なくとも・せめて」の相違点は？「駅まで少なくとも／×せめて20分はかかる」「せめて／少なくとも75点はとりたい」。「せめて」は意志表現と共起し、「少なくとも」は事実の叙述にも用いられ、意志表現と共起もします。また、「～のに」と「～ても」の相違点についても、「ても」は文末に話し手の意志表現が可能ですが、「のに」は不可でしょう（「〇雨が降っても、山に登るつもりです」「×雨が降るのに、山に登るつもりです」）。

終章 「楽しい日本語授業」の条件とは何か？

〈読解教材の準備 ―魅力的な内容の教材を準備する―〉

　読解教材は自身で準備します。この時、学生が読んで魅力的と感じてもらえるか否か、これが決定的に重要です。魅力的なテキストを探し、文章の内容についての理解を問う質問を付し、読解の授業ではありますが、前述のとおり文型や文法事項なども必要に応じて抽出しますし、漢字の読みクイズも付します。テキストの内容は、私の場合は対象が留学生ですので、彼らが興味関心をもっている事柄や、どこの国でも現代社会が共通に抱えている問題、例えば、エネルギー問題、ジェンダー、環境問題等々を取り上げます。また、学習者の関心、境遇に寄り添ったトピック、例えば、異文化間コミュニケーション、恋愛等々にも目が行きます。学習者自身の人生観や死生観、自身を見つめる目、世界に対する視野が拡大されるような内容、私たちが生きるこの世界の過去と現在、そして未来に通じる内容などがテキストとして選ばれます[**]。

　もちろん、ただそのジャンル内の文章であれば良い、というわけではありません。読んで、「えっ、そうだったの！」「なぜ？」など、学習者が「はっとする」事柄が含まれていることが重要です。まずは教師自身が「はっとした」文章であることが必要でしょう。「魅力的」と感じてもらえるか否かの内容は、この点です。例えば、最近、以下のような文章を目にしました。

　「皆さんは『勿体ない』という日本語を知っていますか。日本の日常生活で普通に使われていることばですから、上級レベルの学生であれば、もう習っているかもしれませんね。このことばの現代的意味は、『まだ有効に利用できるのに、捨ててしまったり、使わないでおくのは惜しい、残念だ（だから、捨てないでさらに使った方がいい）』といった気持ちを表すことばです。このことばは、私の子ども時代の物が不足していたころ、両親がよく使いました。短くなった鉛筆でも勿体ないから捨てられない、半分腐りかけたものでも勿体ないから食べてしまうというのもこの気持ちからです。このことばは、物を大切にする日本の庶民の心を表していましたが、残念なことに、これを使うことを現代の日本人はあまりしなくなっています。

　ところが、この『勿体ない』が突然に国際語になりました。

　というのは、2004年度のノーベル平和賞を受賞したアフリカ・ケニアのワンガリ・マータイ（Wangari Maathai）さんが、国連の会議で『MOTTAINAI』（勿体

[**]ティームティーチングで教材テキストが決められている場合には、学習者が関心をもつと思われることがらに関連づけて、短い文章を付け加えてクラスの活性化を目指します。

ない)と書いたTシャツを着て演説をし、地球の資源の保護を訴えたからです。マータイさんはアフリカで植林活動を始めた人ですが、2005年に日本に来た時に『勿体ない』ということばを初めて知り、強い感銘を受け、それを環境保護の合言葉として紹介したのです。これはたった一つの単語です。しかしながら、その一つの単語が大変大きな意味を伝え、人の心を動かす、ということを教えてくれました。

　私は、日本語がそれほど素晴らしいことばだ、などと宣伝するつもりはありません。私の言いたいのは、新しいことばを勉強すると、自分の国のことばで知ることのなかった物事の真理や大切さを発見することがある、ということです。（以下略）」

（松岡弘 2007, p.163、一部表記を統一する、一文の中で重複した語を
調整するなど、引用者が変更した箇所がある。）

　一読して、この文章は「教材にしたい」と感じました。分析的に考えて「教材にしたい」と思ったわけではないので、感じた魅力はどのような点か、検討してみましょう。

　「勿体ない」という日本語を取り上げていますが、筆者は「このことばは、物を大切にする日本の庶民の心を表しています」と書いており、たった一つのことばから日本人の考え方や日本の文化にも話が拡がる可能性が感じられます。また、読み手の学習者は若い留学生たちですが、中には彼らの祖父母の時代の貧しさについて話を聞いていて、ここで述べられている「勿体ない」感覚を理解してくれることも予想され、仮に感覚を共有できない場合には、話し合いの材料になり得るトピックでもあるでしょう。さらに、「国際語」になったという展開が「はっとさせる」に十分です。これまでに「勿体ない」という語に焦点を当てた教材に触れたことのある学習者がいたとしても、「一つの語が人の心を動かすことがある」というくだりからは、学習者自身の、ことばによって心を動かされた経験を尋ね、話し合いに展開することも考えられそうですし、ことばによって心を動かされた経験を作文として書く宿題とすることも考えられます。また、マータイさんについて知りたいという学習者が出てくるかもしれません。

　実際に教材化の作業を進めていく過程で、当該の学習者のニーズや語彙のレベル、文型の制約などから、教材にはならないという場合ももちろんあります。上記の文章の場合は学習者の顔を思い浮かべながら作業をしてみないと断定的には言えませんが、教材化できそうな感触です。

生の教材を使用するか、市販の教科書を使用するか、教師にとっては悩ましい選択でもあります。以下のような考え方もあります。

「生教材と教科書、どっちもいいと思っているんです。生教材のイメージって刺し身みたいな感じで、教科書は缶詰みたいな感じ。缶詰は一定の質も味も保障されているし、おそらく滅菌もされているし、全国どこでも同じ味で、しかも長い期間もつ。けれど、漁師がここで捌くような、刺し身の勢いはない。刺し身には、必要な栄養素が足りていないかもしれないし殺菌もされていないけれど、採れたてにまさるものはないから、新人教師でも一生懸命やればできるような気がする。一方、缶詰は料理もできるし、それを使ってアレンジもできる。だからどっちも必要だって私は思っています」。

(本書「座談会」から)

2.2 教師主導の授業と学習者の心に届く教材

クラス内での対話を誘発する仕掛けについては特に気を配ります。メディアで取り上げられたニュースについて話題にしますし、意図的に間違ったことも言います。フランスの学生がいれば、「ドイツの哲学者パスカルは…」などと言ったりもします。また、私のしたいように授業を進めますので、教師主導の、教師中心の授業です。授業開始前に教室の様子をチェックし、私が授業しやすいように学生の机の配置も変えます。教卓も移動します。

教師主導といっても、もちろん授業は学習者次第で決定される部分も大きく、授業は学習者の力によって作られるとも言えます。同じ教材を使用しても、今年の授業の内容は、前年のクラスの授業とは大きく異なったものになることは私たち教師が日常的に経験していることです。授業は教師が牽引しますが、クラスに集った学習者とともに作り上げるものですので、学習者の日本語力、知識、興味関心などによって、形を変えていきます。教師がいくらこの教材を使用して、この部分を、このように教えようとしても、学習者にとっては興味がない事柄かもしれませんし、あるいは、既知の内容かもしれません。学習者からの質問を受け付け、あるいは、学習者からの発言に根気よく耳を傾け、その発言の内容に触発された問題提起を教師の側から学習者に投げ掛ける、そんな教師と学習者の対話が授業を構成し作り上げます。「教師主導、教師中心の授業」と、学習者の力を引き出し、学習者の力によって授業が作られる、そして学習者のニーズに寄り添った「学習者中心の授業」は、互いに対立するものではなく、両立するものです。また、同様の内容をそれぞ

れの立場からの言い方で表現しているようにも思います。教師の役割の一つは、学習者の一挙手一投足に、何か発言・質問したいことがあるというサインに、風邪気味かどうかといった体調に、顔の表情の変化などに、細心の注意を払って見逃さないよう努めることでしょう。

　私の場合、中級読解の教材と上級読解の教材は同一教材を使用します。上記の「マータイさん」を教材として使用した場合、上級読解のクラスでしたら、もう少し分量を増やすために上記の文章の前後を加えたり、マータイさんについて書かれた、もう少し難しめの、書き言葉の文章を取り上げたりすることも考えられます。いずれにしても、上記の文章は読解教材として使用できそうです。中級、上級どちらのレベルでも、学習者が読んで興味・関心を惹かれる教材、学習者の心に届く教材を準備することが極めて重要です。

2.3　授業は生きている！

　授業は学習者と教師が協働して創り出す創造的な世界です。同じ教材を使っても、学習者によって異なる授業が展開されることは、私たち教師が日々経験していることです。準備をしていても、何が起こるか分からないのが授業です。先に紹介した「思い込む・誤解する」の例もありました。そこに集(つど)った教師と学習者によって、そして、そこで取り上げた教材によって、授業は、生き物のようにダイナミックに動き、展開していきます。正に、授業は生きています。そして、活力に満ちた、活き活きした授業を作り出すのは学習者の力によるところが大きいのです。授業の成否は、学習者の力をいかに引き出すことができるかにかかっていると言っても過言ではありません。準備しても準備しきれないのが授業であり、学習者の力によって自由に展開する授業のダイナミズムを生かす、という姿勢が大切です。学習者の力が発揮された授業では、学習者は楽しいと感じるはずです。学習者の力をいかに引き出すかと書きましたが、このことは学習者の力を信頼することと表裏一体のことでもあります。

3.　学習者から見た「楽しい日本語授業」の条件

　では、学習者の側は「楽しい日本語授業」の条件をどう考えているのでしょうか。日本語を学習している留学生14名(中国6、韓国、ベトナム、豪州各2、タイ、米国各1)に行ったアンケートの結果を見てみましょう。今回のアンケートは「楽しい日本語(外国語)授業の条件」について尋ねたものです。その結果を見ますと、多くの留学生が共通して、①授業内容、②教師の資質、そして、③授業方法につい

て言及している点が大きな特徴です。留学生が取り上げた事柄の主な項目(括弧内は件数)と記述は以下のとおりです。

授業内容について言及している回答　(括弧内は件数、複数回答可、以下同様)

　項目:
　・受講者の関心事、興味と一致する話題を選ぶ(5)
　・日本の文化、歴史、経済、社会問題などを扱う(4)
　・授業の内容に魅力がある、日本語の魅力を伝える教材(2)

　記述:
・「楽しい外国語授業の条件として、まずは授業の内容に魅力があることであろう」
・「楽しい外国語の授業は、二つの大きくて、重要な要素で構成されると思います。一番目は、授業の内容です。(中略)二番目は、先生の教え方です」
・「日本語を楽しく勉強するためには主な二つのファクターが必要だと思います。一つ目は教材です。例えば、教科書が古すぎると魅力がない、教科書に載っている文章とかも時代遅れの話ばっかりであると、内容がどんなに文法的によく説明されていても読みたくなくなります。勉強するやる気がなくなってしまいます。…二つ目は先生と学生との距離を近く保つようにすることです」
・「言語はその国の最も重要な文化であるので、文化で言語を勉強するのは最高」

　以上の学習者の声からは、学習者が語学の授業で扱われる教材に極めて敏感であり、扱われる教材の中身に注目していることが分かります。語学の授業であっても、いえ、語学の授業だからこそ、教材には魅力ある内容を期待しています。アンケートには「私にとって楽しい外国語授業は語学学習のモチベーションをアップし、達成感を伴った喜びを実現させる授業であり、その条件としてまずは授業の内容が魅力的であること」という記述があります。教材の中身は正にこの「喜び」をもたらす重要な条件と言わねばなりません。前述した「教師自身がはっとする」「魅力的な」教材を選択しようとする姿勢が求められていることをこれら学習者の声は示唆しています。第8章(筒井)の「ときめきポイント」にある「学習者の『言いたい！伝えたい！』という意欲を引き出し…」という指摘と、教材が学習者にとって魅力的であることとは大いに関連しているでしょう。学習者の学習意欲を

刺激し、知性を発揮させるためには、教材の質が極めて重要であることは、本章で度々強調してきたことです。授業は学習者の知性に依拠しながら成り立っているとも言えます。

教師の資質について言及している回答

項目：

・ユーモアのセンスがある(3)
・親しみやすい、先生と学生の距離が近い(3)
・先生自身が授業や学生とのインターアクションを楽しんでいる(2)
・日本語の魅力、日本の伝統、文化を伝えられる、博学である(2)
・教師に魅力がある、学生に信頼されている(2)
・教えることに対する熱意をもっている、教師の腕が大切(2)
・教師が多くを話すのではなく受講者が活動できるように刺激を与える(1)
・学生のやる気を喚起できる(1)

記述：

・「(受講生が)先生が好きなら、授業も好きになります」
・「生徒が先生の言うことを本当に受け入れるようにするためには、生徒が先生を信じる、いい先生だと認めるようにするべき」
・「先生が心をこめて教えたくないなら、もちろん生徒にとって授業は楽しくならないでしょう」
・「生徒の学習意欲を高める教師の資質が重要なのではないかと思います」
・「また、楽しい授業を組み立てるのにもう一つ大事な条件がある。それは、授業の教師…に魅力があることである。…授業をわかりやすくし、学生に信頼されている教師は楽しい授業をするに違いない」
・「先生は学生との距離を近く保つようにすることです」
・「日本語教師の…個性や魅力も大切だと思う。個性がある先生の授業は、学生の脳裏に深い印象を残すだけではなく、学生の集中力も高めるからだ」
・「授業の楽しさを左右するのは先生の腕だと思います」

　語学の授業では、ユーモアに富んだ授業を行う教師を留学生は支持しています。それは笑顔と笑いがある授業であり、教師に親しみやすさを感じることができる授業です。第5章(尾崎)でも「教室で一つこのような笑いが起きると、今日の授業は

楽しかった、という印象が残ります」と指摘されています。語学の学習は長丁場の学習で、学習者としては「楽しく」学ばなければ、途中でギブアップしてしまうかもしれません。学習者がユーモアに富んだ授業を行う教師を高く評価する理由は当然のことでしょう。また、「親しみやすい、先生と学生の距離が近い」という項目も注目に値します。「みんなが気負わず参加できるクラスの雰囲気の根底にあるものは、結局は学習者どうし一対一の信頼関係の集合体なのではないでしょうか」と第5章(尾崎)は述べていますが、この指摘は「教師対学習者」にも言えることでしょう。

授業方法について言及している回答

項目：
- 映画・アニメ・ビデオ等、視聴覚教材を利用する(7)
- 受講者のactivityがある、参加度が高い(4)
- ゲームを利用する(4)
- 日本の歌・音楽を利用する(4)
- 単調でない(1)
- 授業の進め方に魅力がある(1)

記述：
- 「ただ教科書に沿って教える先生の授業はあまり楽しくありません」
- 「どのように外国語を勉強するか、つまり授業の進め方に魅力があることも条件の一つと考える」
- 「視聴覚資料を使った授業が、学生にとっては楽しく取り組める授業」
- 「聴解練習の場合にも教科書付属のCDを聞くだけでなく、アニメや面白い番組などの映像を利用する方法」

本章では、「楽しい日本語授業の条件とは何か」について検討してきました。多くの学習者が「楽しい」条件として、①授業内容(教材)、②教師の資質、③授業方法の3点に言及していることを紹介しました。

外国語学習には、本来それ自体に様々な楽しみや喜びが内在しています。言語は文化そのものですので、言語を学ぶことはその言語が使用されている社会全体に触れることでもあります。特に外国語学習は異質な文化に触れることによって、自分自身を相対化し自己認識を深めることにもつながります。このこと自体が大き

な楽しみであり、喜びです。さらに、多文化の環境にある外国語学習のクラスでは、異文化に接し、それまで知らなかった知識を得て教養を育み、新たな考え方に気付き、自分とは異なる他者に共感する力を養う必要性を学び、そして自身の世界が大きく広がることや、社会問題や物事の真理を考えさせられることもあるでしょう。また、獲得した外国語を使ってコミュニケーションを取れる喜びもあります。アンケートには「外国語はほかの人、ほかの世界を知る媒介に違いないから、言語によって人々のつながりが得られることが外国語学習の一番の魅力点だと私は考える」という記述がありました。学習者も確実に、外国語学習が潜在的にもつ「楽しみ」や「喜び」を意識しています。上で紹介した学習者の声は、その楽しみを消し去らないで！と私たち語学教師に訴えていることを示しているようにも思われます。

　学習者が楽しい日本語の授業の条件として「教材の内容」を重視すること、そのような魅力ある教材を準備する日本語教師の「資質、専門性」と「教育方法」に注目することは、一つの鎖状に連なった、それぞれ相互に関連し合った事柄と考えて良いでしょう。

4. おわりに

　私は1980年代前半に、当時の東京外国語大学外国語学部附属日本語学校で10年間仕事をし、オーディオリンガル法（AL法）（鎌田他編 1996）、そして直接法の心得を学びました。1980年代後半には教授法としてのAL法についての批判的議論もありましたが、実際の教育現場では、「導入」と「練習（形の練習と場面をつくっての練習）」という授業が別々に立てられ、運用力養成のための練習という視点は十分に意識されていましたし、何より学習者の笑顔がAL法に対する信頼を揺らぎないものにしていました。

　直接法の基本的な考え方とは、言うまでもなく「原則として媒介言語を用いないこと」、そして、「新出語彙は既出文型に載せて提出すること、新出文型は既出語彙を使って提出すること」、「場面を作って教えること」、「学習者の思考力を動員して授業を組み立てること」などです。文字語彙・文法等の言語要素の学習を重視し、日本語の文法体系が学習者の中に構築されるよう授業を組み立てることに心を砕き、同時に聞き取る練習、口頭練習を繰り返し行います。さらには、それらの言語要素が現実の社会で、どのような人に、どのような場面で、どのように使用されているかという日本人の言語行動・言語表現を視野に入れ、実際に使えるようにするため、運用力を養う練習を行います。言語要素の学習も、運用力の養成も、そのど

ちらも大切であるのは言うまでもありませんが、その教育法を支える要素には、上記の読解授業で紹介したような、学習者が持つ大きな力を動員するための「リラックスした教室内の雰囲気」「教師と学習者の距離と信頼関係」「教師と学習者、そして学習者間のコミュニケーションの造出」「魅力的な教材・適切な教授法の選択」「教師がもつ専門性」など、種々の要因が介在していることを述べてきました。「学習者の力を動員する」という考え方の根底には、「学習者の力を信頼する」という姿勢があります。クラス活動は学習者が自ら行うものですし、教師は学習者の力を信頼し、その力を引き出すことによって授業を成り立たせているという事実を認識することが肝要です。

　30年余に亘る日本語教員生活を続けてきて、私は数多くの、尊敬できる同僚日本語教師、日本語教育研究者、そして大学院生たちに出会ってきました。日本語教育に長期間従事することができたのも、日本語教育の仕事が面白いと感じられるようになったのも、そして、言語を分析的に捉えられるようになったのも、出会ってきた多くの教員や研究者、院生たちのおかげであると心から感謝しています。すばらしい同僚に囲まれる中で様々な刺激や教えを得て、そして学習者とのクラス作業の中で失敗し、学び、自身の授業スタイルがつくられてきたように思います。授業は教師の思想そのものです。どんな教授法を選択するか、どんな教材教具を使用するか、どんな評価基準を設定するか、どのような机の配置にするか、どんな表情で教室に入っていくか、どんな場面を学習者に提示するか、学習者との対話の中でどんなことばを返すか等々、その一つ一つに教師の教育に対する考え方が反映されます。

　本書の読者である日本語教師の先生方、日本語教師を志している方々が、同僚教師と良好な関係を築き、学び助け合い、切磋琢磨し、そして日本語教育研究の成果から学んだことを授業に反映し、そして授業から得たことを研究に反映するという循環の中に身をおいて、日本語教師として成長していってほしいと心から願っています。

　本章で検討してきた「楽しい日本語授業の条件」が、そして、本書を通じて提示してきた「心ときめくオキテ破りの日本語教授法」が、読者の皆さん自らが描く「日本語教師像」の形成に多少なりとも参考となることを願っています。

参考文献
鎌田修・川口義一・鈴木睦（編著）(1996)『日本語教授法ワークショップ』凡人社.

神吉宇一（編著）(2015)『日本語教育学のデザイン』凡人社
五味政信（2005)「良い「日本語教師」像を探る―その地と図を描く―」松岡弘・五味政信（編著）『開かれた日本語教育の扉』スリーエーネットワーク，pp.18-29.
松岡弘（2007)「日本語を楽しく学ぼう―日本語を学び日本語が分かれば，世界は広がり世界につながる―」『日本語と日本語教育』35，pp.155-166.
森田良行（1977)『基礎日本語1』角川書店.
森田良行（1980)『基礎日本語2』角川書店.
吉田甫・エリック ディコルテ（編著）(2009)『子どもの論理を活かす授業づくり―デザイン実験の教育実践心理学―』北大路書房.
Gertrude M. (1976) The classroom interaction of 0utstanding foreign language teachers, *Foreign LanguageAnalls, 9*, pp.135-143.

座談会：ときめく授業を作るには

（一橋大学国際教育センター・センター長室にて　2015.9.27）
文責：筒井　出席者：五味、石黒、有田、尾崎、志村、戸田、古川、筒井

■いい教師とは

五味：日本語教育には、「教師」「教材」「教授法」の三つの要素が必須なわけですが、まず教師の話からしましょうか。私が教師になりたてのころ、研修でたくさんの先生の授業を見学する機会があったんですね。そのときに、「うわー、こんなにすごい先生がいるんだ」って思ったことがありました。まったく授業に切れ目がなくて、一つのストーリーになっていて、それについて言っている間に学習者がいろんなことを言って、気づいたら45分経っていて。皆さんにも、「こんなすごい先生がいた」と思い出される先生がいますか。そんな先生方が出てくれば、何となく「いい教師の像」が焦点を結ぶかもしれません。

志村：五味先生の話でもいいですか。先生の授業を見学しているときに、ダイアログの練習をやっていたんですが、登場人物におばあさんが出てくるんですね。先生はそこを読むとき、さもおばあさんのように割れた声で、「どの電車に乗ったらいいのかな～」と演じておっしゃったんです。そうしたら、学習者も全員、おばあさん役に当たったら、上手にイントネーションも真似てやったんです（笑）。すごいなあって思いました。

五味：ダイアログは棒読みじゃなくて、その人になりきってやると、思いがけず学習者もその真似をするという（笑）。筒井さん（第4章）も本の中で書いているように、教師にとっては思いがけない学習者の反応があるんですが、それはいきなり生まれるのではなくて、それまでいろんな過程があって、学習者の持っている潜在力とか発想を引き出しているわけですよね。ほかの方はどうですか。

■学習者との信頼関係をどう築くか

筒井：教師がオープンマインドで学習者が突っ込みやすいキャラクターであるというのも、すごく大切ですよね。学習者がリラックスしてものが言える。五味先生の伝説はいっぱい耳にするんですが。

志村：いっぱいありますよ。たとえば、男子学生が「『苦しい』は何ですか」って質問したんですよ。そうしたら五味先生がおもむろにその学生のところへ行って、本気で首を締める真似をされたんです（笑）。「これが苦しいです、わかりましたか」。それで学生がまっ赤になって「はいっ」て。

五味：教師と学習者の距離の問題ですかね。尾崎さん（第3章）の原稿の中には、「学習者同士の一対一の信頼関

係の積み重ねがクラスを構成する」ってありましたけど、学習者との信頼関係はどうやって築いていっているんでしょうか。

尾崎：一人一人に声をかけるっていうことでしょうか。

筒井：名前を覚えて。

尾崎：それもあるんですけど、個人的な情報を覚えておくとか、その人への関心を示すことを一人一人に対してまずはおこなうということでしょうか。

古川：最初の授業で学習者との距離をどれだけ縮められるかっていうのは、私はすごく大事だなと思っています。さっき名前を覚えるっていうのがありましたけど、私は初日の授業では、クラスに20人ぐらい学習者がいても、自己紹介してもらいながら、集中して名前を覚えていきます。「全員覚えました」って言うと学習者がみんな拍手したりしてくれるんですが、「じゃあ皆さん、私の名前は？」っていうと「なんだっけ？」と（笑）。せっかく名前を覚えても、そのクラスが終わると忘れちゃうので、また次の授業に行く前に、名簿を見ながら必死に思い出すんです。そんな工夫をみんなしているんじゃないかと思うんですが。

有田：やっぱり、学習者が「あの先生に相談しよう」とか「あの先生の授業が楽しみだ」っていうのは、授業が上手だとかいう前に、教師を人として好きになれるということじゃないでしょうか。誠実で温かみがあっ

て、教養があるっていうかいろんなことを知っている。学習者はそういう人を見抜くっていうのは感じます。

志村：私が新人の時からずっと憧れている先生がいるんですが、国籍を問わず、その先生を嫌う学生はいなくて、いろんな相談をしていました。その理由はたぶん今言っていたことなんですね。すごくオープンだし、癒される感じの人で、自然にその人に入っていけるんです。

■テンションを上げることも必要？

筒井：そういう先生ってあまり構えがなくて、素ですよね。けっこう日本語教師って、授業となるとシャキっとして、真面目に頑張っちゃう人が多いのかもしれませんけど。

有田：やっぱり仮面をかぶってるっていうところはありませんか。電車の中で学習者とばったり会ったら、学習者が私のことを「あれっ？」ていう顔で見たんです。そして「授業中と全然違う顔だー」みたいに言われて（笑）。でもそれはしょうがない、授業行くときにはテンションを精一杯上げていって、授業終わったら力抜けちゃうみたいな（笑）。

筒井：実は私も授業の時は必死にテンション上げていくんですが。

有田：元気のないときは「は〜…」ってため息出ちゃう感じで行きそうになっちゃうけど、それじゃまずいよなあと。

志村：どんな辛いこととか苦しいことがあっても、とりあえずにっこり笑っ

て。それなのに学習者に「先生はいつも明るくて元気でいいですね、幸せそうですね」って言われたりするとカチンとくる（笑）。

五味：ぼく、大体教室に行く前は、自分の両頬をバシバシって４回ぐらい叩いて入るんです。自分が大きな声を出さなかったら学習者も大きな声は出してくれないと思うし、自分が元気でいなかったら、学習者もそれ以上に元気は出してくれないと思って。お相撲さんは体を叩いたりして気合を入れてますけど、自分としては少しでも顔を明るくしたいと。それぞれやり方は違っても、テンションを上げてクラスに臨んでいるっていうのは教師に共通しているんでしょうね。

■教師の側から自己開示をする

五味：ここまでの話をまとめると、まず、学習者は人間としての教師を見ているので、誠実で温かみがあって教養が必要っていうことが前提としてあって、その上に、学習者一人一人に関心を持っているっていうことを伝えなければならない。そうやって信頼関係を作っていく。第一に名前を覚える努力をしていくっていうのもありましたし、教室の中でも外でも一人一人に声をかけていくっていうのも基本的な教師の姿勢だというのもありました。ほかに付け加えることは…？

尾崎：さっき一つ言い忘れたんですが、学習者のことを覚えるという一方で、自分のほうの情報も学習者に開示するというか…。家族の話をしたりして、教師の授業以外の顔もチラッと見えると、学生が想像を働かせて親しみを感じてくれる、距離を近く感じてくれるのかなという気がしています。

五味：学習者に自分の話をしてるかな？

石黒：五味先生は、学習者に悩み相談をしているという噂が…（笑）。

五味：それは事実なんですけど。学習者たちがすばらしく見えちゃうんですよね。異国にやってきて、家族と一緒の生活から切り離されて、自分で生活してなおかつ勉強もするって大変なことだなあって。それを立派にしている人たちなので、それに比べて我が子たちの頼りないことを父親として感じて。みんなどうしているのかってそういう目線で語りかけてしまうので、確かに自分の悩みを相談しているっていうこともあります。

筒井：そういう教師の学習者に対する敬意というのは伝わるでしょうね。それはすごく大事ですよね。でもつい忘れがちで、先生的にふるまわなければならないと思ってしまう。

石黒：教わるってめんどくさいことですよね。生産的じゃないというか。学生たちは教わりたがっているのかな。むしろ教えたがっているし助けたがってるのかもしれませんよね。いつも日本語の教室に入ると教わる立場を押し付けられて、決まったことを言わされて、というのに疲れて

いるので、むしろ主体的に関わって、相手に手を差し伸べたいと思っている。しかもそれが授業のために情報を引き出そうと思って問いかけられているのではなくて、本当にこの先生は自分たちのことを聞きたがっているということが伝わると、お義理じゃなくてきちんと伝えようという気になりますし、疑似的じゃなくて本当のコミュニケーションになってるのかなと思いますね。

五味：語学の授業だからこそ、教師のほうからもコミュニケーションを作り出すということが大切なんでしょうか。

■教師の役割は話すことより「傾聴」

戸田：教師って一見、「話す」っていう役割を与えられているように見えるんですけど、私はけっこう聞くことが大切かなって思っていて。皆さんの言う「関心を持つ」っていうこととも共通すると思うんですけど、教室の中でも外でも「あなたの話を聞きますよ」っていう態度が大切だと思っています。だから授業でもできるだけしゃべりすぎないように、表に出すぎないようにして、学習者に話させることを目指しています。耳を傾けて熱心に聞く「傾聴」っていうのがありますが、そういうのが大切なのかなって思っています。

筒井：古川さん（第6章）もエポケー（判断留保）や傾聴について書いていますよね。

古川：私は教師になりたいっていう学生も教えているんですけど、最初は教える、うまく説明するっていうことに意識がいってしまうんですよね。だから、いい例かどうかわからないんですけど、私は彼らに語学の教師というのはスポーツでいうコーチのようなものだと言っています。自分ばっかりアクティブに動いて選手はそれを見てふんふんって言っているだけではだめだから、まずはやらせる、仕掛ける。何とかして向こうにアクティブになってもらう。今「アクティブ・ラーニング」って言われていますけれども、アクティブなのが教師だけっていうのは違うかなって（笑）。教師が元気なのはいいんですけど、車輪が動き始めたらその勢いにまかせてどんどんいってほしいですね。

五味：本書の中にも、「仕掛ける」というキーワードがありましたね。

■いい教材とは：教科書か生教材か

五味：では、次に教材の話をしましょうか。学習者からも、「文型を教えるのに適していても、中身が時代遅れで興味がわかないようなものを読まされたりすると、やる気も失せてしまうので、教材の中身は大事だと思います」っていうコメントをもらったことがあります。有田さん（第7章）がやっていることは中身に関わることだと思うんですが、「地雷」にかかわらないことでも、中身が大切だって感じる局面ってあるんでしょうか。

有田：私は生教材が好きで、その時々

ものを持って来たり、自分が読んだ一部を切り取って教材にしたりするんですけど、でもある学習者に言わせると、「それはそれでおもしろくはないんだけど、プリントはなくなりやすいしバラバラになるし、先生、やっぱり教科書を使ってくれませんか」って言われることもあります。やっぱり教科書は教科書でいいのかな、教科書と生教材のバランスをどう取ったらいいのかなって。

五味：問題提起ですね。教科書の良さもあるし、生教材の良さもあるっていうことですが。

尾崎：読解教材に関しては、生教材のほうがやっぱりフレッシュですよね。私の中には、教科書になったものでおもしろいものにあまり出会ったことがないっていう印象があるんですが、なんでだろう、何をもって私はおもしろいと思っているんだろうって。私自身も教えるならおもしろいものを教えたいんですけど。

有田：生教材は、学習者の関心が高い、学習者に近いものを選べるという長所もありますね。

尾崎：教室で使う分には、著作権をあまり気にしないで使えるので、いろいろと自由ですよね。

筒井：出版されているものって、どうしても無難にできてしまっているんですよね。語彙や文型もコントロールされていて、内容も、誰にでも当てはまって誰も傷つかないもの。地雷にならないような題材を選ぶと、必然的につまらなくなるのかもしれません。

志村：あるベテランの先生に、読解教材ってどんなものがいいか聞いたことがあるんです。そうしたら、「教科書は、語る材料をくれるものが好きだ」って。それを読むことで、自分たちの何かが動かされるというか、問いかけてくるような教材がいいとおっしゃるんです。私が授業で使った記事で、日本人・外国人共通して学習者が興味を示したものがあるんですが、それはADHD（注意欠陥・多動性障害）という障害を持ったあるミュージシャンが、それをどう乗り越え自分がどう生きてきたかっていうことを通して、挫折した人にかける言葉をメッセージとして残しているものなんです。同年代には心の琴線に触れるらしくて、それに対しての思いはみんな強かったですね。だからやっぱり内容なのかなという気はするんですけど。

尾崎：自分との関わりの強さなんですかね、それって。

■生教材は刺し身、教科書は缶詰

有田：でも、内容があるのはもちろん大切なんですけど、一方きちっと言語的な手当ても必要というか…。学習者たちはやっぱりちゃんと文型を使えるようになりたいし、必要な語彙をきちっと知りたいんですよね。だから、「この新聞記事いいけど、でも先生…」みたいなところはあるかもしれない。

古川：私は生教材と教科書、どっちも

いいと思っているんです。生教材のイメージって刺し身みたいな感じで、教科書は缶詰みたいな感じ。缶詰は一定の質も味も保障されているし、おそらく滅菌もされているし、全国どこでも同じ味で、しかも長い期間もつ。けれど、漁師がここで捌くような、刺し身の勢いはない。刺し身には、必要な栄養素が足りていないかもしれないし殺菌もされていないけれど、採れたてにまさるものはないから、新人教師でも一生懸命やればできるような気がする。一方、缶詰は料理もできるし、それを使ってアレンジもできる。だからどっちも必要だって私は思っています。

五味：教科書があると学習者が安心するっていうのは確かにありますよね。今、教科書がいいか生教材がいいかっていう問題提起から始まって、教科書はおもしろくないっていう固定観念があるけどなぜおもしろくないのか、そもそもおもしろいって何なのかとなって、その基準は学習者が決める。これまでの教師経験の中で、自分が持っていった生教材がよかったということがあるわけですけれども、やっぱり学習者の関心に沿っていて、学習者の思考を刺激するようなものであって、なおかつそれがきっかけになって議論が生まれるようなものがいいという話も出ました。でもプラス、内容だけじゃなくて言語学的な、日本語学習につながるような要素も彼らは求めているわけで。贅沢ですよね。内容もおもしろくて語学の勉強もできるようなもの。そういう流れで、今、古川さんから教科書は缶詰で生教材は刺し身みたいなものではないかと。

■ **そもそも教材とは何か**

石黒：読解ということに限って、生教材と教科書とどっちがいいかっていうと、生教材に軍配が上がるのはしかたがないですね。生教材って、市場に出てきているものは淘汰された極上のものなんですよ。その中で、かつ自分の感性に合っているものを選んでくるわけだから、それがおもしろくないわけがない。日本語の教科書なんて、まあ出版されているわけですから平均点はそんなに低くないのかもしれませんけれど、件数は限られているわけですし、極上のものはないだろうという気がするんですよね。教科書を作っているほうからすれば残念なのですが、教科書って情報を伝えたらいいというようなものが非常に多くて、読者に違和感を持たせようとか新しいこと、変わったことを伝えようとか、そういう高い動機を持っていない。それが弱いなあと思うんです。ただ、教科書イコール教材だと思ってしまっていいのかというのがあって。結局は人とコミュニケーションしたい、新たな人と出会っていろいろな考えも聞きたいし、こちらの考えも伝えてわかってほしいというのが言語教育の本質だとするならば、いったい何が教材なんでしょうか。私のイメージでは、

頭の中を耕すために教育している、記憶の部分を強化して、頭の中が循環できるようにやっているつもりなんですけど、そうした場合にいったい教材って何なのかなって。人が教材なのかなって思ったり、社会が教材なのかなって思ったり。人じゃなくて自分の頭の中にある記憶が教材なのかなって思ったり。いったい私たちは何を教育しているのかなと。

五味：教材って平面的な文字列をイメージしていましたが、今の石黒先生のお話は、学習者の思考力を育てる、脳を耕すものであれば、それはすべて教材という枠組みに入るということですね。

■いい教授法とは

五味：ここで、教授法の話題に入りたいと思います。直接法で教える場合もある一方、媒介語で教える場合もあるでしょうし、あるいはコミュニカティブ・アプローチとか、今は学習者中心という考えもありますね。

石黒：本書では協働学習、ピア・ラーニングを積極的に取り上げている人がとても多かったように思います。あとは「自由度を高める」とか「競争心を刺激する」とか「巻き込む」とか。その辺は志村さんから口火を切っていただいたほうがいいような気がしてきました。

志村：いや、自分がそれが好きだから。それだけです。やっぱり「教える」ってビリーフがあるじゃないですか。私とまったく同じものをいいという人はいなくて、たとえば協働を良しとしない人もいますよね。「シャイな学習者がクラスに一人でも二人でもいたら疎外感を持ってしまうから、私は協働が好きじゃない」って言い切る先生もいるので、好みの問題で、私は学習者が嬉々としてやっているのがいいかなって思うんですが。ここで自分の経験から、教授法としてのビリーフに関して問題提起をしてみるのはどうでしょうか。

■自由度が高い練習の是非

志村：たとえば筒井さんが以前教えていた機関では、とにかく教師が「教える側」だったらしいですね。コミュニケーションということはここでは考えなくていい。だから、相手の思考が広がっちゃいけないんですよ。誤用を引き出す可能性があるから。人それぞれのイメージには大きな広がりがあるわけで、そんなところに広がったら教えるべきところからはずれてしまうというわけですよね。

筒井：今回「制約と戦え」というテーマで書いたのはその反発もあったんです。その学校ではとにかく変換練習を重視していたんですよね。たとえば「〜んです」の練習で、ひたすら「スーパーへ行きました→スーパーへ行ったんです、インターネットで買いました→インターネットで買ったんです」みたいな練習をするんですけど、一文レベルだし、場面は全然ないので、「行きました」と「行ったんです」は何が違うのか、その練

習ではまったくわからないわけです。ただ、答えは一つに絞られるので、明快です。一方、たとえば頭を抱えている人のイラストを見ながら「どうしたんですか」と聞くと、答えは「頭が痛いんです」とか「悩みがあるんです」とかいろんな答えが出てくる。自由度が高くなると、微妙なのが出てきちゃったときに、×にするのか○にするのか教師は悩んじゃうし困るから、そういう練習はしないという方針だったんです。確かに現実の場面やコミュニケーションを重視すると規範からはずれるかもしれないんですけど、そういう言葉の自由さに踏み込ませてもらえなかったっていう辛さがあって…。

石黒：私は筒井さんの考えには賛同していたんですけれど、でもよく考えたら教育実習を指導する立場なんかでは反対のことをしているなって気がつきますね。つまり、こんなに自由度の高い答えが出てきたら、収拾つかなくなるんじゃないかっていうふうに、教育実習の時に指導したりしません？

■できすぎた教師はよくない？

志村：教育実習で学んだことは、「教師はいらない」です（笑）。ある実習で、実習生がやらなければならない文型があったんですけど、それを導入するのに「〜なければならない」っていうのを使っていたんですよ。ところが「〜なければならない」はそこから2課あとなんです。だから学習者は知らない。そのクラスはイタリアの学生を中心に横並びに座っていて、私はその後ろに座って見学していたんです。そうしたら、彼らはしばらく黙って聞いていたんですが、そのうちまっすぐ前を見たまま英語で「なければならないって何？」って隣に聞いてるんですよ。そしたら隣の子が「たぶんmustかhave toだ」って。そしたら今度は反対隣の子が「活用は？」って。学習者がチームになって考えて、「ＯＫ、ネガティブだ」って。そのあとは、何事もないように、楽しそうに活動に参加していました。

石黒：すごい、賢い。

志村：それから、別のクラスでは、文型の導入が終わったら、それを使った活動だけをするんですね。活動っていうことは、指示をしなければならないわけですよ。学習者の日本語力に合わせて、制限された日本語で、やってもらいたいことを指示しなければならないから、難しいんですね。で、実習生も難しい日本語を使っちゃうんです。たぶん学習者は指示されたことを分かっていないんですけど、でも、なんかやっているうちにつかむわけですよ。つかんでそれを楽しんで、ちゃんと日本語の練習になっているんですね。実習生を「たまご先生」とか呼んでちゃんと信頼関係もできて、とても好評なんです。それを見たときに、教師って何だろうって（笑）。少しでもいい教師になりたいと思ってきたけど、できすぎた教

師っていうのもよくないのかなって考えさせられました。

筒井：うまく導入してうまく練習に持っていったら、そういう必死の模索みたいなのは起きないですもんね。

志村：学習者は私たちが思っている以上に、本当に自分たちで学ぼうとするんですね。ありえないと思う先生もいるかもしれないけど、実際ありえることなんです。

■やっぱりコントロールも必要

有田：私は昔、社会科の教師だったんですけど、そのとき、生徒たちが口をポカーンと開けて、目が点になって、耳がダンボみたいに大きくなって、教室中のみんなの目が集中してこちらを見てるっていう授業を社会科の先生はやらなきゃいけないんだっていうのをトレーニングされて、それってすごくいいなって思った覚えがあるんです。長沼直兄が見たパーマーのオーラルメソッドも、教師が学習者をコントロールして流れるようにどんどん引っ張っていって、すると学習者は知らないうちにどんどん上手になって自分の言いたいことを言えるようになっていくっていうやり方で、それは憧れますよね。

石黒：ちょっとわかる気はします。率直にそういうのが軽んじられすぎているのかなっていう気がする。いくら自由度を高くするって言っても、お互いのコミュニケーションがピンボケした同士で問われていることもわからない、だから幅広い答えが返ってきているだけなのに、それが自由だっていうのは、それはコミュニケーションですかっていう話になってしまいます。だから、やっぱりかみ合う程度の文型や語彙のコントロールはできなくてはいけなくて、それが一つの日本語教師の専門性でもある。そういう技術も必要なんだっていうことは、たぶんこの本では言っていないんですよね。

志村：本書ではエッセンスを示しているだけで、私たちはその前段階を軽んじているわけではないですよね。「さらにその先の部分でこういうものがありますよ」っていうのでいいんじゃないでしょうか。

石黒：本書では、一つのことを強調しすぎたかなという気がしないでもないんですよね。そうすると、結果として、「この授業に参加したんだけど何かできるようになったような気がしない」とか、あるいは「基礎的なことを他のクラスで教えていて、それも生きて初めて成り立っている」とかそういうことも言われるわけで、そう考えると、やっぱり車の両輪なのかなあと。

志村：ティームティーチングをやっていると、ある程度の色合いの違いは先生によって出ますよね。教えるべきことはきちんと教えようとはみんな思っているわけですが、その程度は先生によって違うじゃないですか。覚えて使えるように、入れるべきことをきちんと入れるということを重

視する先生と、そこはさらっと押さえて、それよりもどちらかというとコミュニケーションが大事だっていう先生がいるわけですよね。学習者の教師に対する評価って、どちらかと言えば楽しませてくれる教師のほうが高いんですね。学習者の評価がベストだというわけではないですが、いろんな要素の中から私は見ていて、日本語を教えるって何だろうって考えさせられています。

■ **学習者の思考力を最大限引き出す**

五味：この本ではあまり強調しなかったっていうことですけど、私が訓練を受けたのは、まさにそういう学校だったんですよね。学習者の力を最大限引き出す授業っていうのをずっと叩き込まれてきました。それはどういうことかっていうと、昔全然コミュニカティブじゃない時代の教科書で、「あの男の人は誰ですか」みたいな文章が出てくるんですね。もちろんその段階では指示詞も他の名詞もわかっているんですけど、だからと言って「あの男の人は誰ですか」っていうのをそのまま教えたりはしないんです。まず「あの男の人は誰ですか」っていうのがどういう場面で出てくるのかっていうのを考えるんです。そうすると、一人だったら「あの人誰？」ですんじゃうけど、わざわざ「男の人」って言ってるってことは、たぶん女の人もいるんだとか、たぶん男の人は一人で、だからわざわざ「あの人は誰」じゃなくて「あの男の人は誰ですか」っていう言葉が出てくるだろうっていうことを考える。それで、そういう場面を作って学習者に教えるんですね。形容詞を教えるときも、たとえばフリーマーケットで、「それはいくらですか」っていうものがいくつかあると、「そのカメラは」って今度は名詞を使わなくちゃならないし、新しいのと古いのがあったら、「その古いカメラは」って言わないと、指定できなくなってくる。形容詞の役目や指示詞の役目を積み上げていって、学習者が考えて言える場面を考えていくんですね。だから学習者が習ったことを動員しながら、自分たちで考える余地を必ず残していくっていうこともしますね。「〜人（じん）」ていうのを教えるときにも、世界地図で中国とか韓国とか日本とか示せばわかるわけですね。だから「私は日本人です」とか「リュウさんは中国人です」とか教えるわけですけど、そのあと「オバマさんは？」って投げかけると、アメリカって教えてないんですけど、彼らの頭の中には「アメリカ」とか「アメリカン」とか浮かんでいて、そのときに「アメリカ人」っていうと、彼らは「そうなるよね」となるわけです。つまり「これはアメリカ」「これはフランス」「これはタイ」ってパーツを全部教えこんでから組み合わせてっていうこともやるんだけど、それ以外に、まだ教えてない言葉を彼らの頭の中に浮かばせて、そのときに「アメリカって言う

んだよ」っていうのをぶつけると、「アメリカ」っていう言葉は彼らの中に叩き込まれるんですよね。そういうような形で、彼らが知っているシステムの中に、思ったことをぶつける、それで語彙を増やしていく。授業中に彼らがただオウム返しになっているのではなくて、常に考えながら授業を進めていく、クラスを作っていくっていうのが直接法の一つのポイントで、それは一方的に講義するのとはまったく違っています。中級でも上級でも、協働にしろ自由度を高めるにしろ、共通しているのは学習者の思考力を動員しながら授業を作っていくっていう教え方で、これはどんな教授法にもきっと共通している。本書の原稿の中にもアクティビティを重視するとかゲーム性を取り込むとかいうのがありましたが、学習者が参加して、彼らがいろいろなことを考えることで、クラス全体も活性化するし、彼らの頭の中にただ言葉だけが残っているのではなくて、思考と行動が言葉に結びついていくっていうことがあるんじゃないでしょうか。

■座談会を終えて

石黒：本書を通読された読者のみなさんは、この座談会を読んでどのようにお感じになったでしょうか。私自身は教師の無力さをあらためて感じました。教師は学習者の力を借りるしかない存在です。教壇に立つたびに、自分は無力だと私もいつも痛感しています。しかし、学習者の力を借りるということは、学習者は力を貸すということです。学習者は力を貸すときに、もっとも力を発揮し、成長するものです。わたしたちは、教師を頼りにする学習者を育ててはなりません。教師に頼りにされる学習者を育てなくてはならないのです。そのためにはダメな教師を演じること。それが「心ときめくオキテやぶり」の日本語教育の極意なのかもしれません。本書は、五味政信さんの退職記念として編まれました。五味さんは私が一橋大学に就職してからずっと上司だった方です。私が国立国語研究所に移るまでの16年間、一緒に仕事をさせていただきましたが、10年ぐらい経って初めて気づいたことがあります。この上司は、ダメな人を演じる天才なのです。

「石黒さん、○○やって〜。僕、できないの。」

「すごいねえ、石黒さん、何でこんなことできるの？」

「いつもすみません。ほんとに頼りにしてます！」

こんなふうに上司に乗せられて、これまで仕事をしてきました。勤めはじめたころは知識も経験もなく、ほんとうにダメダメ教師だったのですが、いつの間にか一人前に仕事がこなせるようになっていました。本書もそうして乗せられているうちに完成したものです。でも、あるとき、ふと気づいたのです。五味さんは「できない」のではなく、じつは「でき

る」のに「できない」振りをして、その人にふさわしい仕事を割り当て、教育をしていたのです。五味さん自身はダメな人ではなく、ダメな人を演じていただけなのです。そのことに気づいたとき、この方は天性の日本語教師だと思いました。学生たちに話を聞くと、教室でも同じようにしてダメな振りをし、学生たちがダメな先生を助けているうちに自然と成長するという同じ技術を使っていたことがわかったからです。もちろん、ほんとうにダメな教師はもちろんダメです。学習者に見放されてしまいます。計算できるダメさ加減、これが重要です。しかし、ダメな教師を演じていることを学習者に見透かされると、それもまたダメです。学習者が「な〜んだ、そういうことだったのか」と演技に興ざめしてしまうからです。だから、教室で見せるダメな部分は、ほんとうにダメな部分である必要があります。人間、ダメなところは誰しも持っているものです。それが優れた日本語教師の条件だとしたら、みんな優れた教師になる資格があります。まさに第一章で、本書のもう一人の授業の名手、迫田久美子さんがお書きになっているように、目指すべき教師像は一つではありません。いろんな教師がいてよいのです。自分のダメなところを教室で隠したりせず、オープンにして楽しめること。これでよい授業ができるのなら、私でも明日から始められそうです。私がこの座談会をつうじて学んだことはこのことです。

あとがき

　試行錯誤を経て築き上げてきた自分の授業のスタイルを、その理念とともに伝えたい。そんな情熱を持った10名のベテラン日本語教師が、学習者も教師自身も「心ときめく」、刺激的で議論百出の「オキテ破り」の、自分自身の授業実践を公開したのが本書です。

　「心ときめく」は、fun であり、そして、interesting でもあります。

　「オキテ破り」は、少し脱力系で、また少し挑発的でもあります。

　わたし自身、原稿を書く段階で他の執筆者の原稿を読みながら、「これ、わたしの授業でもぜったいやってみたい！」、「この方法、職場の同僚の先生たちに必ず伝えよう！」と思うことばかりで、どこから手をつけてよいか迷うほどでした。

　本書を読んでくださるみなさんにも、そうしたわくわくした思いや、あるいは「ここは、うちの教室だったらこうしたほうがもっと楽しくなる」というような、「明日の授業への新しい期待」を持っていただけたらと願います。

　そうした願いと同時に、授業での「ときめき」ばかりを強調してしまうことは、一方で、多くの日本語教師が強いられている制度的制約や問題の社会的背景から目をそむけてしまう可能性もあるのかもしれないという、一抹の懸念もわたしたち執筆者にはあります。日本語教育を取り巻く環境は、国際関係や経済動向など外的な要因に大きく左右され、しかもその「専門性」が社会的に十分認知されているとは未だ言いがたい状況であるからです。

　だからこそ、教師であり、しかも自分の実践を分析的に振り返る研究者でもあるわたしたち日本語教師は、教室だけに閉じこもらず「外の世界」に視野と行動範囲を広げなければならないという姿勢も、とても大切だと思います。

　しかし、世界のあちこちで「善いわたしたち」と「悪いあいつら」が単純に区分され互いに憎しみ合っているような現実を見据え、日本語教師が自分の主戦場である教室でできることは何なのだろうと考えることもまた、今、求められています。そして、終章で論じられているような、ことばの学習がもともと持っている「楽しさ」にもう一度立ち返ることは、他者を知り尊重したうえで自分を主張し議論を深め、より多くの人たちの生きやすい世界を作っていく日本語教師の仕事につながるのではないでしょうか。

　本書は、30年余にわたって日本語教育に貢献してこられた五味政信先生のご退

職に際し、先生の、さわやかにあたたかく、かつ一種芸術とも言える授業実践をいつかはわたしたちも受け継ぎたいという思いから、先生に薫陶を受けた元・現院生が中心になり企画したものです。五味先生は、座談会にもあるように、「苦しい」の意味を質問する学生の首を本気で絞めて真っ赤な顔をさせながら「わ、わかりました！」と言わせてしまう、ユーモアに満ちたそよ風のような先生です。一方で、「授業は教師の思想そのもの」、そして「教師主導、教師中心の授業をします」と言い切る、一徹な「職人技」教師でもいらっしゃいます。本書は、「ロールプレイ」「協働学習」「ピア・レスポンス」「コミュニケーション・ゲーム」など、どちらかというと学習者同士の活動を中心にし、教師の指導的な発言はできるだけ控えようとする論考が多いかもしれません。けれども、実際のところわたしたちも、五味先生が継承してこられた、日本語教育の伝統のなかで生み出された高度な「職人技」にあこがれ、困難を知りつついつか辿りつきたいと願っていることも事実です。その高みへの精進をあきらめるのではなく、実践と分析と理論化の試みを繰り返しながら、それぞれの力量を蓄えていきたいと思います。

　本書の刊行は、2015年2月に上梓された五味先生の渾身の大著『五味版学習者用ベトナム語辞典』（武蔵野大学出版会）出版お祝いの日、石黒圭先生がわたしたちの背中を思いきり力強く後押ししてくださって実現することができました。峻厳と慈愛の編者として石黒先生がいてくださらなければ、こうして本書を世に送り出すことはできませんでした。

　また、迫田久美子先生には、やはり30年余の長きにわたる第二言語習得研究に実証された日本語教育実践からの玉稿を、ご執筆いただきました。迫田先生も国立国語研究所を今春ご退職になる節目に、こうして一章をご担当いただけたことは、わたしたちにとって何にも勝る僥倖です。

　そして、あたたかな激励と適確なご指摘、そしてスムーズな出版へのご支援をいただいたくろしお出版の市川麻里子さん、坂本麻美さんにも、心からの感謝のことばを申し上げます。

2016年5月
執筆者を代表して　有田佳代子

執筆者一覧

◎編著者

五味政信	放送大学東京多摩学習センター所長、 一橋大学 名誉教授	終章
石黒圭	国立国語研究所 教授、一橋大学 連携教授	第4部 第9章

◎著者

迫田久美子	広島大学 特任教授、 広島大学・国立国語研究所 名誉教授	第1部 第1章
戸田淑子	国際交流基金関西国際センター 日本語教育専門員	第1部 第2章
志村ゆかり	関西学院大学 日本語常勤講師	第2部 第3章
筒井千絵	元・フェリス女学院大学 専任講師	第2部 第4章
尾崎由美子	鹿児島大学 非常勤講師	第3部 第5章
古川敦子	津田塾大学 准教授	第3部 第6章
有田佳代子	新潟大学 准教授	第4部 第7章
渋谷実希	一橋大学・東京大学非常勤講師	第4部 第8章

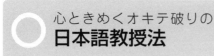

心ときめくオキテ破りの
日本語教授法

2016年5月31日　第1刷発行
2019年9月26日　第2刷発行

編著者	五味 政信，石黒 圭
発行人	岡野秀夫
発行所	株式会社　くろしお出版
	〒102-0084　東京都千代田区二番町4-3
	TEL 03-6261-2867　FAX 03-6261-2879
	URL http://www.9640.jp
	e-mail kurosio@9640.jp
印刷所	藤原印刷株式会社
装丁	工藤亜矢子（OKAPPA DESIGN）
イラスト	村山宇希（ぽるか）

© 2016 GOMI Masanobu, ISHIGURO Kei, Printed in Japan
ISBN978-4-87424-696-2 C0081

乱丁・落丁はおとりかえいたします。本書の無断転載・複製を禁じます。